LITERATURA

caderno de revisão

conecte LIDi

Sumário

Trovadorismo/Humanismo   4

Classicismo/Luís de Camões   11

Quinhentismo e Barroco   18

Arcadismo   26

Ideais românticos/Romantismo em Portugal   34

Romantismo no Brasil   39

A prosa romântica brasileira   48

Realismo   53

Naturalismo/Parnasianismo/Simbolismo   60

Vanguardas/Pré-Modernismo/Modernismo português   68

Semana de Arte Moderna/Primeira geração modernista   79

Segunda geração modernista   87

Terceira geração modernista   98

Tendências contemporâneas   108

Trovadorismo/ Humanismo

1. O Trovadorismo

Na Idade Média, a produção literária sofreu forte influência da religião, que marcou a cultura europeia com uma **visão teocêntrica** do mundo.

A literatura medieval portuguesa tem sua origem no século XII e não só é marcada pela presença de poemas de natureza sentimental, apelos amorosos, paixões não correspondidas, como também por sátiras.

No Trovadorismo, música e poesia complementam-se, daí a designação de **cantigas** às composições desse período.

CANTIGA DE AMOR

De origem provençal, a **cantiga de amor** retrata a vida da corte, o que lhe confere um ar refinado e culto. Tipicamente urbana, tem sua temática centralizada na **coita d'amor**, ou seja, no sofrimento de um homem pelo amor não correspondido de uma mulher. Portanto, o **eu lírico** é **masculino**.

O trecho a seguir é de *Cantiga da Ribeirinha*, primeira obra em língua portuguesa:

> No mundo non me sei parelha,
> mentre me for como me vai,
> ca já moiro por vós — e ai!
> mia senhor branca e vermelha,
> queredes que vos retraia
> quando vos eu vi en saia!
> Mao dia me levantei,
> que vos enton non vi fea!
> E, mia senhor, dês aquel di', ai!
> me foi a mi mui mal,
> e vós, filha de don Paai
> Moniz, e ben vos semelha
> d'haver eu por vós guarvaia,
> pois eu, mia senhor, d'alfaia
> nunca de vós houve nen hei
> valia d'ua correa.
>
> Paio Soares de Taveirós

CANTIGA DE AMIGO

De origem ibérica, as cantigas de amigo eram escritas por homens; entretanto, tinham eu lírico feminino: mulher ingênua, do povo, casadoira, que se queixa com a mãe, com as amigas ou com os seres da natureza da saudade que sente do amado que partiu e ainda não voltou, como havia prometido. Leia o excerto a seguir:

> — Ai flores, ai flores do verde pino,
> se sabedes novas do meu amigo!
> ai, Deus, e u é? [...]
> Se sabedes novas do meu amado,
> aquel que mentiu do que me á jurado!
> ai, Deus, e u é?
>
> D. Dinis (trecho)

CANTIGAS DE ESCÁRNIO E DE MALDIZER

A **cantiga de escárnio** faz uma crítica indireta, de forma irônica, sem aludir ao nome da pessoa criticada; a terminologia é elegante e discreta, e a crítica fica subentendida.

Na **cantiga de maldizer**, a pessoa criticada é literalmente citada; a terminologia é vulgar, às vezes de baixo calão, e a crítica é direta.

Leia um trecho de uma cantiga de escárnio e de uma de maldizer, respectivamente.

> Ai dona fea! foste-vos queixar
> porque vos nunca louv'en meu trobar
> mais ora quero fazer un cantar
> en que vos loarei toda via;
> e vedes como vos quero loar:
> dona fea, velha e sandia!
> [...]
>
> João Garcia de Guilhade

> Martim jogral, que defeita,
> sempre convosco se deita
> vossa mulher!
> Vedes-me andar suspirando;
> e vós deitado, gozando
> vossa mulher!
> Do meu mal não vos doeis;
> morro eu e vós fodeis
> vossa mulher!
>
> João Garcia de Guilhade

2. O Humanismo

No Humanismo, a posição servil diante da Igreja é abandonada em nome da valorização dos estudos da Antiguidade clássica e do privilégio da razão. Assim, o **antropocentrismo** substitui o **teocentrismo**.

O HUMANISMO EM PORTUGAL

Cronologicamente, o Humanismo português praticamente coincide com o período das **grandes navegações**. Compreende-se entre 1434 (quando Fernão Lopes é escolhido para o cargo de cronista-mor do reino) e 1527 (quando Sá de Miranda retorna da Itália, trazendo novas tendências estéticas, aprendidas com os autores renascentistas italianos).

A HISTORIOGRAFIA DE FERNÃO LOPES

A historiografia portuguesa surge com os **nobiliários** (ou **livros de linhagem**), obras que se prestavam simplesmente a traçar a genealogia das famílias nobres. O cronista **Fernão Lopes** mudou esse conceito ao produzir uma historiografia em forma de crônicas intencionalmente artísticas. Em 1434, ele recebe a missão de escrever a história dos reis de Portugal. Sua capacidade crítica e a meticulosidade documental deram um valor inestimável a seu trabalho. A *Crônica d'el-rei d. Pedro*, a *Crônica d'el-rei d. Fernando* e a *Crônica d'el-rei d. João I* são obras comprometidas com a arte e a história.

A POESIA PALACIANA

Embora a chamada **poesia palaciana** tenha tratado de numerosos temas, nela a temática amorosa ganhou nova abordagem: a súplica pungente da poesia medieval deu lugar a um texto em que a mulher é tratada com mais intimidade; deixou-se de lado a veneração platônica e a imagem idealizada, próprias dos trovadores; houve a separação entre a música e o texto.

> A produção palaciana foi reunida no *Cancioneiro geral*, publicado por Garcia de Resende em 1516, obra que coleta mais de mil poemas, de 300 autores.

A inovação também repercutiu nos aspectos formais da poesia — por exemplo, quanto ao número de sílabas métricas dos versos. O uso da **redondilha maior** dá ao poema um ritmo mais ágil e facilita a memorização.

3. Vida e obra de Gil Vicente

Gil Vicente legou uma vasta obra, cujo marco inicial foi a peça *Auto da visitação* (ou *Monólogo do vaqueiro*), de 1502, uma homenagem à rainha d. Maria pelo nascimento de d. João III. Como não se conhecem autores teatrais portugueses anteriores a Gil Vicente, ele é considerado "o pai do teatro português".

Sua obra mostra traços da influência do teatro medieval, que tratava de temas religiosos. Apesar de viver em pleno período renascentista, Gil Vicente esteve ligado às concepções cristãs da vida.

Gil Vicente tratava os temas universais com simplicidade, sem perder a autenticidade crítica, testemunhando seu senso artístico em perfeita sintonia com o público. Não mostrava apenas uma visão da sociedade, mas um retrato do homem em sua totalidade.

Os autos e as farsas vicentinos eram voltados à edificação do homem e à subordinação a princípios divinos.

Sua obra é dividida em:
- **Autos pastoris**: influência do dramaturgo castelhano Juan del Encina.
- **Autos de moralidade**: *Auto da alma* e *Trilogia das barcas* (*Auto da barca do inferno*, *Auto da barca da glória* e *Auto da barca do purgatório*).
- **Farsas**: presença de tipos populares e temas ligados aos costumes e problemas morais da sociedade, como a *Farsa de Inês Pereira* e *O velho da horta*.

Como todo artista de um período de transição, Gil Vicente caminhou entre duas vertentes, ora vestindo a roupagem do teatro medieval (com uma visão moralista e religiosa), ora demonstrando a vitalidade característica de uma vanguarda (como a crítica social).

Outra característica marcante do Humanismo, presente na obra de Gil Vicente, é a batalha pela recuperação dos preceitos originais do cristianismo, deturpados pelo clero do século XVI.

O teatro vicentino também se caracterizou por desconsiderar a divisão em classes sociais, trazendo para o centro do palco pobres e ricos, plebeus e nobres.

ATIVIDADES

1 Sobre as cantigas medievais, assinale a alternativa incorreta:

a) As cantigas de amor se caracterizam por apresentar eu lírico masculino, apaixonado por uma mulher inacessível, pois ela pertence a uma classe superior à sua.

b) As cantigas de amigo, apesar de terem sido escritas por homens, apresentam eu lírico feminino, sofrendo pela ausência de seu namorado.

c) As cantigas de maldizer se caracterizam por apresentar uma sátira indireta, sutil, irônica, evitando citar o nome da pessoa satirizada.

d) Nas cantigas de amor o cenário é cortês, local onde vive a sua senhora.

e) Nas cantigas de amigo o estribilho ou refrão e o paralelismo são frequentes.

2 Leia o texto a seguir para responder à questão.

Estava a formosa seu fio torcendo

(paráfrase de Cleonice Berardinelli)

Estava a formosa seu fio torcendo,
Sua voz harmoniosa, suave dizendo
Cantigas de amigo.

Estava a formosa sentada, bordando,
Sua voz harmoniosa, suave cantando
Cantigas de amigo.

— Por Jesus, senhora, vejo que sofreis
De amor infeliz, pois tão bem dizeis
Cantigas de amigo.

— Por Jesus, senhora, eu vejo que andais
Com penas de amor, pois tão bem cantais
Cantigas de amigo.

— Abutre comestes, pois que adivinhais.

In: BERARDINELLI, Cleonice. *Cantigas de trovadores medievais em português moderno*. Rio de Janeiro: Simões, 1953.

O paralelismo é um dos recursos estilísticos mais comuns na poesia lírico-amorosa trovadoresca. Consiste na ênfase de uma ideia central, às vezes repetindo expressões idênticas, palavra por palavra, em séries de estrofes paralelas. Com base nessas observações, releia o texto e responda:

a) O poema estrutura-se em quantas séries de estrofes paralelas? Identifique-as.

b) Que ideias centrais são enfatizadas em cada série paralelística?

3 Sobre Gil Vicente, é incorreto afirmar que:

a) apesar de sua formação teológica, atacou a sociedade da época para conscientizá-la e reaproximá-la de Deus.

b) para construir as suas comédias, tomou como referência o seguinte lema em latim: *ridendo castigat mores*, "rindo, castigam-se os costumes".

c) sua produção teve início em 1502 ao representar para os reis portugueses a peça *O monólogo do vaqueiro* ou o *Auto da visitação*, em homenagem ao futuro rei, d. João III.

d) no Brasil, vários foram os autores influenciados por Gil Vicente, dentre eles, o padre José de Anchieta, o poeta João Cabral de Melo Neto e o teatrólogo Ariano Suassuna.

e) no *Auto da barca do inferno*, Gil Vicente critica a nobreza e os comerciantes; entretanto, defende a Igreja e os magistrados.

4 Leia o texto a seguir, retirado do *Auto da barca do inferno* de Gil Vicente, e responda ao que se pede:

Onzeneiro: — Eu para o Paraíso vou.
Anjo: — Pois quanto mui fora estou
de te levar para lá:
essa outra te levará; vai para quem te enganou.
Onzeneiro: — Por quê?
Anjo: — Porque esse bolsão
tomará todo o navio.
Onzeneiro: — Juro a Deus que vai vazio!
Anjo: — Não já no teu coração.
Onzeneiro: — Lá me ficam de roldão
vinte e seis milhões
numa arca.
Diabo: — Pois que juros tanto abarca,
não lhe deis embarcação.

a) Por que o Onzeneiro é impedido de entrar na barca do Anjo? Transcreva do texto a expressão que indica o motivo.

b) Por que o Anjo diz ao Onzeneiro que ele deve ir para quem o enganou? A quem se refere o Anjo com o pronome grifado?

EXERCÍCIOS COMPLEMENTARES

1 Assinale a alternativa incorreta com relação ao Trovadorismo:
a) O pensamento da época era teocêntrico, isto é, tinha Deus como o centro do Universo.
b) A língua adotada na época trovadoresca era o galego-português, originário da Galiza, na península Ibérica.
c) As cantigas de amor exploram o amor platônico, já que o eu lírico é um homem apaixonado por uma mulher inacessível.
d) As cantigas líricas e satíricas foram organizadas nos cancioneiros.
e) O Trovadorismo foi um movimento exclusivamente poético, não dando qualquer espaço para a prosa.

2 (Vunesp)

Cantiga

Bailemos nós já todas três, ai amigas,
so aquestas avelaneiras frolidas,
e quen for velida, como nós, velidas,
se amig' amar,
so aquestas avelaneiras frolidas
verrá bailar.

Bailemos nós já todas três, ai irmanas,
so aqueste ramo destas avelanas,
e quem for louçana, como nós, louçanas,
se amig' amar,
so aqueste ramo destas avelanas
verrá bailar.

Por Deus, ai amigas, mentr'al non fazemos,
so aqueste ramo frolido bailemos
e quen ben parecer, como nós parecemos
se amigo amar,
so aqueste ramo so lo que nós bailemos
verrá bailar.

Aires Nunes. In: SPINA, Segismundo. *Presença da literatura portuguesa — Era medieval*. São Paulo: Difusão Europeia do Livro, 1966.

Confessor medieval

Irias à bailia com teu amigo,
Se ele não te dera saia de sirgo? (sirgo = seda)

Se te dera apenas um anel de vidro
Irias com ele por sombra e perigo?

Irias à bailia sem teu amigo,
Se ele não pudesse ir bailar contigo?

Irias com ele se te houvessem dito
Que o amigo que amavas é teu inimigo?

Sem a flor no peito, sem saia de sirgo,
Irias sem ele, e sem anel de vidro?

Irias à bailia, já sem teu amigo,
E sem nenhum suspiro?

MEIRELES, Cecília. *Poesias completas de Cecília Meireles*. Rio de Janeiro: Civilização Brasileira, 1974.

Tanto na cantiga como no poema de Cecília Meireles, verificam-se diferentes personagens: um eu lírico que assume a palavra e um interlocutor (ou interlocutores) a quem se dirige a palavra. Com base nessa informação, releia os dois poemas e faça o que se pede:

a) Indique o interlocutor ou interlocutores do eu lírico em cada um dos textos.

___
___
___
___
___
___

b) Identifique, em cada poema, com base na flexão dos verbos, a pessoa gramatical utilizada pelo eu lírico para dirigir-se ao interlocutor ou interlocutores.

3 Sobre a prosa medieval, em especial as novelas de cavalaria, é incorreto afirmar que:
a) os hagiógrafos eram aqueles que escreviam sobre a vida e milagres dos santos.
b) nos livros de linhagem (ou nobiliários) constavam listas com nomes de pessoas pertencentes à nobreza.
c) as novelas de cavalaria narravam as aventuras heroicas dos cavaleiros cristãos.
d) no ciclo bretão, o destaque ficou para *A demanda do Santo Graal*, narrando as aventuras dos cavaleiros da távola redonda.
e) no ciclo carolíngeo, temos as aventuras dos heróis da cultura helênica.

4 Para construir a *Farsa de Inês Pereira*, Gil Vicente baseou-se no seguinte mote: "Mais quero um asno que me carregue do que um cavalo que me derrube". Comente, sucintamente, a peça, tomando como referência o provérbio citado.

Leia os textos a seguir para responder às questões 5 e 6.

Texto I

Anjo: Tu passarás, se quiseres;
porque não tens afazeres,
por malícia não erraste;
tua simpleza te baste
para gozar dos prazeres.

Espera, no entanto, aí:
veremos se vem alguém
merecedor de tal bem
que deva de entrar aqui.

Texto II

Tornaram a prosseguir, cantando, seu caminho direito à barca da Glória, e tanto que chegam diz o Anjo:

Ó Cavaleiros de Deus,
a vós estou esperando,
que morrestes pelejando
por Cristo, Senhor dos Céus!
Sois livres de todo o mal,
mártires da Madre Igreja,
que quem morre em tal peleja,
merece paz eterna.

E assim embarcam.

5 No primeiro texto, o Anjo dirige-se a Joane, o parvo.

a) Por que o Anjo permite que Joane embarque junto com ele? Em que se baseia o julgamento do Anjo para permitir que ele vá para o céu?

_____
_____
_____
_____
_____
_____
_____

b) Por que o Anjo afirma que Joane não errou por malícia?

_____
_____
_____
_____
_____
_____
_____
_____

6 No segundo texto, o Anjo se dirige a quatro cavaleiros cruzados.

a) Segundo o Anjo, por que os cavaleiros merecem seguir na sua barca?

_____
_____
_____

b) Ao comparar os dois textos, percebe-se que, no primeiro, o perdão decorre da inocência da personagem e, no segundo, os cavaleiros ganharão a paz eterna em decorrência de serviços prestados à Igreja, ainda que tenham conscientemente pecado ao tirar as vidas de seus inimigos. Explique a aparente incoerência do Anjo ao julgar os merecedores de acompanhá-lo em sua barca.

_____
_____
_____
_____
_____
_____
_____
_____
_____
_____

Classicismo/ Luís de Camões

1. O nascimento de um novo mundo

O despertar do mundo para a Renascença esteve atrelado a diversos fatores, tais como: o enfraquecimento do poder religioso, a tomada de Constantinopla pelos turcos, o descobrimento e a exploração de novos continentes, a criação de universidades, a Reforma protestante, a invenção da imprensa e o fortalecimento e a ascensão da burguesia.

A partir do século XIII, com o progressivo declínio do feudalismo e da economia rural, as cidades conquistaram sua importância, e as atividades comerciais sobrepuseram-se às do mundo rural. As rotas comerciais estendiam-se, permitindo a troca de experiências entre povos distintos. Diminuía o poder da Igreja católica.

As ciências transformam-se aos saltos. Galileu e Copérnico, por exemplo, ousam desafiar um dogma, a visão geocêntrica do Universo, substituída pela organização heliocêntrica. Todas essas mudanças econômicas e sociais, aliadas aos notáveis avanços científicos, tiveram profundos reflexos na produção artística dessa época.

2. O Classicismo em Portugal

A literatura do primeiro momento do Classicismo português procurou seguir os modelos clássicos: busca da perfeição formal, universalismo, racionalismo; enfim, a objetividade e o equilíbrio. A *Ilíada*, de Homero, e a *Eneida*, de Virgílio, serviram de fontes de influência para os poetas do Classicismo, cujo modelo girava em torno das disputas entre deuses a respeito da vida humana. Guerras, aventuras e outros feitos constituíam o cenário em que os homens demonstravam seu caráter heroico.

Considera-se que o Classicismo em Portugal teve início com **Francisco Sá de Miranda**, que trouxe para lá o *dolce stil nuovo*, ao lançar a obra *Os estrangeiros*, primeiro passo de um dos mais ricos e importantes períodos culturais vividos pelo povo português.

> A chamada **medida nova** e os estilos advindos da literatura clássica contrapunham-se à **medida velha**, estilo popular entre os antigos poetas de Portugal. Os **versos decassílabos** representaram a grande novidade estilística trazida por Sá de Miranda. A medida nova não substituiu abruptamente a medida velha portuguesa; ao contrário, as duas correntes apareciam, simultaneamente, na maioria dos autores lusos, o que confere ao Classicismo português uma considerável peculiaridade literária.

CAMÕES

O século XVI passou para a história como um dos mais pródigos. No mundo todo, apareceram nomes geniais, que compuseram algumas das mais ricas páginas da literatura universal. Na Itália, surgiram Ariosto e Tasso; na França, Montaigne e Rabelais; na Espanha, Cervantes; na Inglaterra, William Shakespeare; na Alemanha, Erasmo e Lutero. Portugal apresentou ao mundo Camões.

Filho de nobres empobrecidos, Luís de Camões provavelmente nasceu em 1524 ou 1525.

Tomando como herói o navegador luso Vasco da Gama, personificou toda a bravura e a grandeza de seu povo. Mais que um herói quase divino, nascia a **pátria heroica**. Em Os lusíadas, a história de Portugal é contada, tendo como eixo a viagem de Vasco da Gama às Índias, em 1498.

Luís Vaz de Camões (1524?-1580).

Como marinheiro, Camões viveu no mar as experiências que serviriam de inspiração para a composição de Os lusíadas, poema épico que consagraria o autor e o Classicismo lusitano. De volta a Lisboa, viveu desolado e em dificuldades financeiras. Em 1572, teve sua obra máxima publicada. Em recompensa, o rei d. Sebastião determinou o pagamento de uma pensão por serviços prestados ao reino. Em 1580, Camões morreu, em completa miséria.

Os lusíadas foram compostos em dez cantos e inspirados nas grandes epopeias clássicas, por isso obedecem a uma rígida estrutura. Suas 1102 estrofes de oito versos, exaltam os feitos e a glória do povo de Portugal, por meio das aventuras de Vasco da Gama.

A obra organiza-se em **versos decassílabos** e em **oitava rima**, com três rimas alternadas e uma paralela (AB AB AB CC): o primeiro verso rima com o terceiro e com o quinto; o segundo rima com o quarto e com o sexto; o sétimo verso rima com o oitavo. Observe isso na seguinte estrofe:

> E também as memórias glori**osas** (A)
> Daqueles reis que foram dila**tando** (B)
> A fé, o Império, e as terras vici**osas** (A)
> De África e de Ásia andaram devas**tando**, (B)
> E aqueles que por obras valer**osas** (A)
> Se vão da lei da Morte liber**tando**, (B)
> Cantando espalharei por toda p**arte**, (C)
> Se a tanto me ajudar o engenho e **arte** (C)

A obra pode ser dividida em cinco partes, cada uma com finalidade específica, seguindo a construção da epopeia clássica:

- **Proposição** (ou introdução). Apresentação do poema, em que são identificados o herói e o tema.

> As armas e os Barões assinalados
> Que, da Ocidental praia Lusitana,
> Por mares nunca dantes navegados,
> Passaram ainda além da Taprobana,
> E em perigos e guerras esforçados,
> Mais do que prometia a força humana,
> E entre gente remota edificaram
> Novo Reino, que tanto sublimaram.

- **Invocação**. Por se tratar de obra inspirada na cultura greco-romana, Camões pediu auxílio às musas (as Tágides, ninfas do Tejo, principal rio português).

> E vós, Tágides minhas, pois criado
> Tendes em mi um novo engenho ardente,
> Se sempre, em verso humilde, celebrado
> Foi de mi vosso rio alegremente,
> Dai-me agora um som alto e sublimado,
> Um estilo grandíloco e corrente,
> Por que de vossas águas Febo ordene
> Que não tenham enveja às de Hipocrene.

- **Dedicatória**. A obra é dedicada a d. Sebastião, rei de Portugal.

> Vós, poderoso Rei, cujo alto Império
> O Sol, logo em nascendo, vê primeiro,
> Vê-o também no meio do Hemisfério,
> E quando desce o deixa derradeiro;
> Vós, que esperamos jugo e vitupério
> Do torpe Ismaelita cavaleiro,
> Do Turco Oriental e do Gentio
> Que inda bebe o licor do santo Rio:

- **Narração**. A narrativa inicia-se com os portugueses já em pleno oceano Índico. Nesta, que é a parte mais longa do poema, são relatados os episódios ocorridos durante a viagem de Vasco da Gama e é narrada a história de antigos reis portugueses.

  > Já no largo Oceano navegavam,
  > As inquietas ondas apartando;
  > Os ventos brandamente respiravam,
  > Das naus as velas côncavas inchando;
  > Da branca escuna os mares se mostravam
  > Cobertos, onde as proas vão cortando
  > As marítimas águas consagradas,
  > Que do gado de Próteu são cortadas,

- **Epílogo**. É o fecho da obra, no qual o poeta, desiludido com a própria pátria, pede que as musas calem seu canto.

  > No [não] mais, Musa, no mais, que a Lira [tenho
  > Destemperada e a voz enrouquecida,
  > E não do canto, mas de ver que venho
  > Cantar a gente surda e endurecida.
  > O favor com que mais se acende o engenho
  > Não no dá a pátria, não, que está metida
  > No gosto da cobiça e na rudeza
  > Duma austera, apagada e vil tristeza.
  >
  > E não sei por que influxo de Destino
  > Não tem um ledo orgulho e geral gosto,
  > Que os ânimos levanta de contino
  > A ter pera trabalhos ledo o rosto.
  > Por isso vós, ó Rei, que por divino
  > Conselho estais no régio sólio posto,
  > Olhai que sois (e vede as outras gentes)
  > Senhor só de vassalos excelentes.

Os lusíadas dividem-se em dez cantos. Muitos são os episódios narrados ou descritos, tais como: *O concílio dos deuses*, *A chegada a Melinde*, *A morte de Inês de Castro* (Canto III, estrofes 118-135), *O velho do Restelo* (Canto IV, estrofes 94-104), *O gigante Adamastor* (Canto V, estrofes 37-60) e *A ilha dos amores* (Canto IX, estrofes 68-95).

Camões também deixou registrada sua genialidade em poemas escritos nas mais diversas formas e técnicas. Por exemplo, são conhecidas suas redondilhas, nas quais se observam um mote e uma ou mais voltas.

Voltas a mote alheio

> Menina dos olhos verdes,
> *Por que me não vedes?*
>
> Eles verdes são,
> E têm por usança,
> Na cor, esperança,
> E nas obras, não.
> Vossa condição
> Não é de olhos verdes,
> Porque me não vedes.
>
> Isenções a molhos
> Que eles dizem terdes,
> Não são de olhos verdes,
> Nem de verdes olhos.
> Sirvo de geolhos,
> E vós não me credes,
> Porque me não vedes.
>
> Havia de ver,
> Por que possa vê-los,
> Que uns olhos tão belos
> Não se hão-de esconder.
> Mas fazeis-me crer
> Que já não são verdes,
> Porque me não vedes.
>
> Verdes não o são
> No que alcanço deles;
> Verdes são aqueles
> Que esperança dão.
> Se na condição
> Está serem verdes,
> Por que me não vedes?

É com os sonetos que a lírica camoniana se expressa melhor. Em geral, cada soneto camoniano inclui **duas premissas** e **uma conclusão** (que se revela no último terceto).

Sete anos de pastor Jacó servia
Labão, pai de Raquel, serrana bela;
Mas não servia ao pai, servia a ela,
E a ela só por prêmio pretendia.

Os dias, na esperança de um só dia,
Passava, contentando-se com vê-la;
Porém o pai, usando de cautela,
Em lugar de Raquel lhe dava Lia.

ATIVIDADES

1 (Inatel-MG) Uma das características a seguir não é própria do Renascimento cultural. Assinale-a.

a) O racionalismo do homem.
b) A paixão pelos prazeres mundanos.
c) O repúdio aos ideais medievais.
d) A intensificação do monopólio cultural exercido pela Igreja.
e) O individualismo do homem.

2 (PUC-SP)

I

Um mover de olhos, brando e piedoso,
Sem ver de quê; um riso brando e honesto,
Quase forçado; um doce e humilde gesto,
De qualquer alegria duvidoso;
[...]
Esta foi a celeste formosura
Da minha Circe, e o mágico veneno
Que pôde transformar meu pensamento.

Luís Vaz de Camões

II

Uma noite, eu me lembro... Ela dormia
Numa rede encostada molemente...
Quase aberto o roupão... solto o cabelo
E o pé descalço do tapete rente.

Castro Alves

III

Um dia ela veio para a rede,
Se enroscou nos meus braços,
Me deu um abraço,
Me deu as maminhas
Que eram só minhas.
A rede virou,
O mundo afundou.

Carlos Drummond de Andrade

Os três fragmentos possuem o mesmo tema: a figura feminina. Tendo em vista a temática, assinale a alternativa incorreta:

a) O fragmento I mostra uma figura feminina de maneira idealizada, transfigurada, divinizada, tornando a relação amorosa impossível.

b) No fragmento II, a figura feminina é vista de maneira humana, carnal, sensual, tornando a relação amorosa possível.

c) No fragmento III, a figura feminina é mostrada de maneira a tornar a relação amorosa materializada.

d) Os três fragmentos representam, respectivamente, a figura feminina em concepções diferenciadas: clássica, romântica e moderna.

e) Os três fragmentos, ao retratarem a figura feminina, desviam-se dos princípios literários românticos e modernos.

As questões 3 e 4 tomam por base uma citação da *Bíblia Sagrada* e o "Soneto 88", de Luís Vaz de Camões (1524?-1580):

Jacó encontra-se com Raquel

Depois disse Labão a Jacó: Acaso, por seres meu parente, irás servir-me de graça? Diz-me, qual será o teu salário? Ora, Labão tinha duas filhas: Lia, a mais velha, e Raquel, a mais moça. Lia tinha olhos baços, porém Raquel era formosa de porte e de semblante. Jacó amava Raquel, e disse: Sete anos te servirei por tua filha mais moça, Raquel. Respondeu

Labão: Melhor é que eu ta dê, em vez de dá-la a outro homem; fica, pois, comigo.

Assim, por amor a Raquel, serviu Jacó sete anos; e estes lhe pareceram como poucos dias, pelo muito que a amava. Disse Jacó a Labão: Dá-me minha mulher, pois já venceu o prazo, para que me case com ela. Reuniu, pois, Labão todos os homens do lugar, e deu um banquete. À noite, conduziu Lia, sua filha, e a entregou a Jacó. E coabitaram [...] Ao amanhecer, viu que era Lia, por isso disse Jacó a Labão: Que é isso que me fizeste? Não te servi por amor a Raquel? Por que, pois, me enganaste? Respondeu Labão:

Não se faz assim em nossa terra, dar-se a mais nova antes da primogênita. Decorrida a semana desta, dar-te-emos também a outra, pelo trabalho de mais sete anos que ainda me servirás.

Concordou, Jacó, e se passou a semana desta; então Labão lhe deu por mulher Raquel, sua filha [...] E coabitaram. Mas Jacó amava mais a Raquel do que a Lia; e continuou servindo a Labão por outros sete anos.

Gênesis, 29: 15-30. *Bíblia Sagrada* (Trad. João Ferreira de Almeida.) Rio de Janeiro: Sociedade Bíblica do Brasil, 1962.

Soneto 88

Sete anos de pastor Jacó servia
Labão, pai de Raquel, serrana bela,
Mas não servia ao pai, servia a ela,
E a ela só por prêmio pretendia.

Os dias, na esperança de um só dia,
Passava, contentando-se em vê-la;
Porém o pai, usando de cautela,
Em lugar de Raquel lhe dava Lia.

Vendo o triste pastor que com enganos
Lhe fora assim negada a sua pastora,
Como se a não tivera merecida,

Começa de servir outros sete anos,
Dizendo: — Mais servira, se não fora
Pera tão longo amor, tão curta a vida!

Camões. *Obra completa*. Rio de Janeiro: Aguilar, 1963. p. 298.

3 (Vunesp) O racionalismo é uma das características mais frequentes da literatura clássica portuguesa. A logicidade do pensamento quinhentista repercutiu no rigor formal de seus escritores, e no culto à expressão "verdades eternas", sem que isso implicasse tolhimento da liberdade imaginativa e poética. Com base nessas observações, releia os dois textos apresentados e:

a) aponte um procedimento literário de Camões que comprove o rigor formal do Classicismo.

b) indique o dado da passagem bíblica que, por ter sido omitido por Camões, revela a prática da liberdade poética e confere maior carga sentimental ao seu modo de focalizar o mesmo episódio.

4 Retire o verso do soneto de Camões que nos dá a ideia de efemeridade da vida, um dos temas centrais da sua poesia lírica.

EXERCÍCIOS COMPLEMENTARES

Leia o texto a seguir, para responder às questões de 1 a 3.

> Cessem do sábio Grego e do Troiano
> As navegações grandes que fizeram;
> Cale-se de Alexandre e de Trajano
> A fama das vitórias que tiveram;
> Que eu canto o peito ilustre Lusitano,
> A quem Neptuno e Marte obedeceram.
> Cesse tudo o que a Musa antiga canta,
> Que outro valor mais alto se alevanta.

O trecho transcrito é a terceira estrofe de *Os lusíadas*, de Luís Vaz de Camões. O poema, publicado em 1572, é considerado a obra máxima do Classicismo português.

1 Que tipo de verso empregado é uma das características do "doce estilo novo" dos italianos? Que nome se dá a esse tipo de poema?

2 Quanto ao gênero literário empregado por Camões, responda:

a) A que gênero literário filiam-se *Os lusíadas*?

b) De que maneira esse gênero valoriza a tendência clássica na literatura?

3 Quanto ao conteúdo do poema:

a) Qual o ponto de partida histórico e que serve de núcleo narrativo do poema? Comprove sua resposta com uma passagem transcrita do texto.

b) Que outras epopeias clássicas são sugeridas no trecho transcrito?

4 (U. F. São Carlos-SP)

> Os bons vi sempre passar
> No mundo graves tormentos;
> E pera mais me espantar
> Os maus vi sempre nadar
> Em mar de contentamentos.
> Cuidando alcançar assim
> O bem tão mal ordenado,
> Fui mau, mas fui castigado,
> Assim que só pera mim
> Anda o Mundo concertado.
>
> CAMÕES, Luís Vaz de. "Ao desconcerto do mundo". In: Rimas. *Obra completa*. Rio de Janeiro: Aguilar, 1963. p. 475-476.

Esse curto poema de Camões compõe-se de partes correspondentes ao destaque dado às personagens (o eu poemático e os outros). Quanto ao significado, o poema baseia-se em antíteses desdobradas, de tal maneira trançadas que parecem refletir o "desconcerto do mundo". Posto isso:

a) identifique a antítese básica do poema e mostre os seus desdobramentos:

b) explique a composição do texto com base nas rimas.

5 Faça a metrificação dos três primeiros versos. Pela medida encontrada, Camões recebeu influência da tradição _____.

6. Além de Luís Vaz de Camões, outros dois autores também se destacaram no Classicismo português. São eles:

a) Antônio Ferreira e Francisco de Sá de Miranda.
b) Gil Vicente e Garcia de Resende.
c) Bernardim Ribeiro e Rui de Pina.
d) D. Dinis e Paio Soares de Taveirós.
e) Padre Manuel Bernardes e padre Antônio Vieira.

Quinhentismo e Barroco

1. O Quinhentismo

Nos cem primeiros anos de colonização da América portuguesa, os textos escritos prestaram-se a dois propósitos: catequizar os índios e informar o povo português sobre as riquezas e peculiaridades do Brasil. Produziam-se, então, a **literatura jesuítica** (ou **catequética**) e a **literatura de informação**.

Criada para orientar os que desejavam se informar sobre o solo, o povo, o clima e as possíveis riquezas brasileiras, a literatura de informação visava especialmente aos que pretendiam para cá se dirigir. Baseava-se em crônicas de viagem, epístolas (cartas) e documentos históricos. Seu valor literário, contudo, é questionável.

Em geral, os autores dessas obras apontavam o novo território como uma espécie de paraíso. Era uma forma de atrair para cá novos moradores, que povoassem o território recém-conquistado; e, também, a visão de mundo da época ainda sofria influência da tradição medieval teocêntrica. A existência de um verdadeiro paraíso só poderia ser consequência da infinita bondade divina. Assim, a idealização da terra, já observada na *Carta* de Pero Vaz de Caminha, continuava a ser característica presente nos textos dos viajantes que por aqui passavam.

> Até agora não pudemos saber se há ouro ou prata nela, ou outra coisa de metal, ou ferro; nem lha vimos. Contudo a terra em si é de muito bons ares frescos e temperados como os de Entre-Douro-e-Minho, porque neste tempo d'agora assim os achávamos como os de lá. Águas são muitas; infinitas. Em tal maneira é graciosa que, querendo-a aproveitar, dar-se-á nela tudo; por causa das águas que tem!
>
> Contudo, o melhor fruto que dela se pode tirar parece-me que será salvar esta gente. E esta deve ser a principal semente que Vossa Alteza em ela deve lançar.

A literatura dos jesuítas prestava-se apenas aos interesses da Companhia de Jesus, que, por meio dela, buscava evangelizar os índios que aqui viviam ("gentios"), apresentando-lhes de forma doutrinária os princípios do cristianismo.

A tendência pedagógica ou doutrinária prevalecia em todos os sentidos. Além do gentio, o colonizador analfabeto também era alvo desse tipo de proposta.

O nome mais representativo desse período foi o padre **José de Anchieta**, que escreveu autos doutrinários. Os mais importantes são *Auto representado na festa de S. Lourenço, na Vila de Vitória* e *Visitação de Santa Isabel*. Sua obra-prima é um poema escrito em latim: *De Beata Virginae Dei Matre Maria* (*Poema à Virgem Maria, Mãe de Deus*).

2. O Barroco

O Renascimento substituiu a visão de mundo medieval teocêntrica pela perspectiva antropocêntrica, nos moldes preconizados pela cultura clássica greco-romana. A **Reforma protestante** ocorreu nesse contexto e abalou os alicerces da Igreja católica.

Para fazer frente à Reforma protestante, a Igreja católica desencadeou uma série de medidas que, em conjunto, constituíram a **Contrarreforma**. Entre essas medidas, uma que repercutiu fortemente na América portuguesa e espanhola foi o fortalecimento da **Companhia de Jesus**.

Com esse espírito fortemente vinculado à Contrarreforma católica, surgia o **Barroco**, caracterizado pelo exagero, rebuscamento e excessiva ornamentação. Como corrente estética e cultural, o Barroco persistiu do século XVI ao século XVIII e denomina, genericamente, todas as manifestações artísticas dessa época. Iniciou-se na Itália, de onde alcançou outros países europeus e o Brasil.

O Barroco representou a **fusão** entre a perspectiva renascentista antropocêntrica e a retomada de valores marcadamente ligados à fé católica, estimulados pela Contrarreforma.

A estética barroca caracteriza-se por alguns aspectos importantes:

- **Pessimismo**. Desvalorização da vida e visão depressiva da existência. As pinturas revelam tristeza; os textos têm caráter melancólico.
- **Contraste**. Tendência de aproximação entre valores antagônicos, como o velho e o novo, o claro e o escuro, o céu e a terra, o espiritual e o terreno.
- **Conflito** permanente entre a razão e a fé.
- **Fusionismo**. Como sugere o nome, trata-se da fusão entre as perspectivas renascentista e medieval. Na pintura, expressava-se, principalmente, pelo contraste entre luz e sombra; na literatura, buscava associar o racional e o irracional, a fé e a razão, o místico e o lógico.
- **Feísmo**. Exploração da miséria humana, abandonando o culto renascentista ao belo, ao esteticamente agradável ao olhar ou à audição; às vezes, chegava a desviar-se para o feio e o repugnante.
- **Rebuscamento**. Arte excessivamente trabalhada, trejeitosa. Os textos — como que reproduzindo os excessos da pintura e da arquitetura — excediam-se nas antíteses (contradições) e nas inversões (que tornavam o fraseado rebuscado e "difícil"). Isso foi o Barroco, uma arte que traduziu o conflito, o jogo dos contrários, aliada ao requinte e à dramática exuberância das formas.

O poeta espanhol Gôngora é o mais típico autor do **cultismo** (ou gongorismo), em que o rebuscamento se intensifica no jogo de palavras (hipérbatos e sínquises), no exagero (hipérboles), na contrariedade (antíteses e paradoxos), no sensorialismo (sinestesias), nos enigmas, nos trocadilhos verbais, na temática centrada na instabilidade do ser e das coisas, na sonoridade das palavras (aliteração, assonância e eco), na obscuridade da expressão (elipses), na não nomeação dos objetos (substituídos por metáforas e alusões).

O **conceptismo** (ou quevedismo) evidencia-se mais no plano das ideias; nele, persiste o rebuscamento, porém menos intenso.

As metáforas são empregadas como mecanismos de comparação sutil, que levam a um jogo imagético de construções engenhosas e até extravagantes.

O BARROCO EM PORTUGAL

O ano de 1580 trouxe dois fortes acontecimentos à vida de Portugal: a morte de Luís Vaz de Camões e o domínio espanhol sobre o território luso (que durou até 1640).

O extraordinário momento cultural vivido por Portugal no século XVI não encontrou eco no século seguinte, voltando a ter ímpeto e força apenas em meados do século XVIII.

Foram poucos os destaques desse período: a poesia de d. Francisco Manuel de Melo, a oratória conceptista do padre Antônio Vieira, as cartas amorosas de sóror Mariana Alcoforado e as lendas, as anedotas e os exemplos do padre Manuel Bernardes.

Outro destaque desse período foi o **teatro de costumes**, desenvolvido sobretudo por Antônio José da Silva, o Judeu, que retratou caricaturalmente a sociedade portuguesa da época.

O BARROCO NO BRASIL

Tradicionalmente, atribuiu-se ao poema épico *Prosopopeia* (1601), de Bento Teixeira, o início do Barroco na América portuguesa, que vivia o ciclo da cana-de-açúcar. O território ainda se organizava; aos poucos, as cidades estruturavam-se.

Os poetas barrocos brasileiros cultuavam o estilo gongórico e buscavam as "academias", ponto de encontro obrigatório dos artistas, espécie de grêmios eruditos e literários, de onde irradiavam as tendências barrocas e manifestavam-se os primeiros sinais de cultura em nosso país.

ANTÔNIO VIEIRA

Os sermões do padre Antônio Vieira, pregador emérito, fizeram fama e deram-lhe todo o sentido para uma vida agitada, repleta de situações antagônicas, oscilando entre a glória e o desterro.

Os sermões representaram a parte mais significativa de sua obra. Eram inquietantes, doutrinadores e intensos em carga política. De inspiração conceptista, provocavam reflexões profundas e denunciavam as mazelas da alma humana. Para Vieira, o sermão não era apenas uma forma de edificação moral e espiritual; era também um instrumento de intervenção na vida política e social, uma arma que manejava com destreza, em defesa das grandes causas a que se dedicou. "Sermão da Sexagésima", "Sermão de Santo Antônio" e "Sermão pelo bom sucesso das armas de Portugal contra as de Holanda" são os principais.

GREGÓRIO DE MATOS

Crítico mordaz da sociedade baiana — sobretudo dos "caramurus" (fidalgos baianos que, segundo ele, eram mestiços de índios com portugueses) —, chegou a ser deportado para Angola.

Recebeu a alcunha de "Boca do Inferno" por causa de sua poesia satírica, embora tenha sido também um poeta lírico-amoroso, como se observa neste soneto:

Primeiro soneto a Maria dos Povos

Discreta e formosíssima Maria,
Enquanto estamos vendo a qualquer hora,
Em tuas faces a rosada Aurora,
Em teus olhos e boca, o Sol e o dia;

Enquanto, com gentil descortesia,
O ar, que fresco Adônis te enamora,
Te espalha a rica trança voadora,
Da madeixa que mais primor te envia;

Goza, goza da flor da mocidade,
Que o tempo trota a toda ligeireza,
E imprime em toda flor sua pisada.

Oh! não aguardes, que a madura idade,
Te converta essa flor, essa beleza,
Em terra, em cinza, em pó, em sombra, em nada.

Além da poesia lírica, Gregório de Matos escreveu poesias sacras, nas quais se mostrava um pecador arrependido, e poesias satíricas, pelas quais ganhou notoriedade.

Leia, a seguir, um dos sonetos da fase sacra de sua poesia.

Buscando a Cristo

A vós correndo vou, braços sagrados,
Nessa cruz sacrossanta descobertos;
Que, para receber-me, estais abertos,
E, por não castigar-me, estais cravados.

A vós, divinos olhos, eclipsados,
De tanto sangue e lágrimas cobertos,
Pois, para perdoar-me, estais despertos,
E, por não condenar-me, estais fechados.

A vós, pregados pés, por não deixar-me,
A vós, sangue vertido, para ungir-me,
A vós, cabeça baixa, p'ra chamar-me.

A vós, lado patente, quero unir-me,
A vós, cravos preciosos, quero atar-me,
Para ficar unido, atado e firme.

ATIVIDADES

1 (UFMG) Leia a afirmativa a seguir, em que José de Alencar critica a visão dos cronistas europeus sobre os indígenas:

> Os historiadores, cronistas e viajantes da primeira época, se não de todo o período colonial, devem ser lidos à luz de uma crítica severa [...]. Homens cultos, filhos de uma sociedade velha e curtida por longo trato de séculos, queriam esses forasteiros achar nos indígenas de um mundo novo e segregado da civilização universal uma perfeita conformidade de ideias e costumes.

Apesar de sua visão crítica, Alencar, em *Iracema*, adota a mesma atitude, quando:

a) apresenta metaforicamente o índio como representante do homem brasileiro.

b) atribui às personagens indígenas um comportamento baseado em códigos europeus.

c) recupera para a literatura a memória da fauna, da flora e da toponímia indígenas.

d) tenta ser fiel ao espírito da língua indígena na composição das imagens.

2 Assinale a alternativa incorreta em relação à *Carta* de Pero Vaz de Caminha:

a) Documento literário que apresenta a certidão de nascimento do Brasil e a primeira visão de um colonizador sobre a terra recém-descoberta.

b) Narrativa de viagem que procura exaltar as qualidades naturais da nova terra para informar o rei sobre a necessidade de colonização.

c) Crônica descritiva sobre a terra recém-descoberta que valoriza o nativismo e inicia o indianismo na literatura brasileira.

d) Espécie de diário de viagem que procura destacar os usos e costumes dos nativos como atitudes de um povo selvagem e de difícil aculturação.

3 Leia o texto:

> Não é o homem um mundo pequeno que está dentro do mundo grande, mas é um mundo grande que está dentro do pequeno. Basta por prova o coração humano, que, sendo uma pequena parte do homem, excede na capacidade a toda a grandeza do mundo. [...] O mar, com ser um monstro indômito, chegando às areias, para; as árvores, onde as põem, não se mudam; os peixes contentam-se com o mar, as aves com o ar, os outros animais com a terra. Pelo contrário, o homem, monstro ou quimera de todos os elementos, em nenhum lugar para, com nenhuma fortuna se contenta, nenhuma ambição ou apetite ou falta: tudo confunde e como é maior que o mundo, não cabe nele.

Podemos reconhecer nesse trecho do padre Antônio Vieira:

a) o caráter argumentativo típico do estilo barroco (século XVII).

b) a pureza de linguagem e o estilo rebuscado do escritor árcade (século XVIII).

c) uma visão de mundo centrada no homem, própria da época romântica (princípio do século XIX).

d) o racionalismo comum dos escritores da escola realista (final do século XIX).

e) a consciência da destruição da natureza pelo homem, típica de um escritor moderno (século XX).

4 (U. F. Viçosa-MG) Leia atentamente o poema:

> Nasce o Sol, e não dura mais que um dia,
> Depois da Luz se segue a noite escura,
> Em tristes sombras morre a formosura,
> Em contínuas tristezas a alegria.
>
> Porém, se acaba o Sol, por que nascia?
> Se é tão formosa a Luz, por que não dura?
> Como a beleza assim se transfigura?
> Como o gosto da pena assim se fia?
>
> Mas no Sol, e na Luz falte a firmeza,
> Na formosura não se dê constância,
> E na alegria sinta-se tristeza.
>
> Começa o mundo enfim pela ignorância,
> E tem qualquer dos bens por natureza
> A firmeza somente na inconstância.
>
> MATOS, Gregório de. *Poemas escolhidos.*
> São Paulo: Cultrix, 1997. p. 317.

Todas as afirmativas que seguem inserem autor e seu texto em uma visão de mundo do século XVII, exceto:

a) A retomada de elementos da natureza e da melancolia identifica o soneto com a produção poética de inspiração byroniana.

b) A aproximação de sentimentos contrastantes, como a tristeza e a alegria, confirma a tendência paradoxal da poesia do século XVII.

c) O poema explora a inconstância dos bens mundanos por meio de um jogo de ideias e palavras que tanto motivou o escritor barroco.

d) O poeta baiano vale-se da linguagem figurada para persuadir o leitor e convencê-lo da instabilidade da beleza e da felicidade.

e) O traço temático caracteristicamente barroco presente no texto é o caráter fugidio das coisas do mundo.

EXERCÍCIOS COMPLEMENTARES

Leia o texto a seguir para responder à questão.

A carta de Pero Vaz de Caminha

Num dos trechos de sua carta a d. Manuel, Pero Vaz de Caminha descreve como foi o contato entre os portugueses e os tupiniquins, que aconteceu em 24 de abril de 1500: "O Capitão, quando eles vieram, estava sentado em uma cadeira, aos pés de uma alcatifa por estrado; e bem-vestido, com um colar de ouro, muito grande, ao pescoço [...] Acenderam-se tochas. E eles entraram. Mas nem sinal de cortesia fizeram, nem de falar ao Capitão; nem a ninguém. Todavia um deles fitou o colar do Capitão, e começou a fazer acenos com a mão em direção à terra, e depois para o colar, como se quisesse dizer-nos que havia ouro na terra. E também olhou para um castiçal de prata, e assim mesmo acenava para a terra, e novamente para o castiçal, como se lá também houvesse prata! [...] Viu um deles umas contas de rosário, brancas; fez sinal que lhas dessem, folgou muito com elas, e lançou-as ao pescoço, e depois tirou-as e meteu-as em volta do braço, e acenava para a terra e novamente para as contas e para o colar do Capitão, como se davam ouro por aquilo. Isto tomávamos nós nesse sentido, por assim o desejarmos! Mas se ele queria dizer que levaria as contas e mais o colar, isto não queríamos nós entender, por que não lho havíamos de dar! E depois tornou as contas a quem lhas dera. E então estiraram-se de costas na alcatifa, a dormir sem procurarem maneiras de esconder suas vergonhas, as quais não eram fanadas; e as cabeleiras delas estavam raspadas e feitas. O Capitão mandou pôr por de baixo de cada um seu coxim; e o da cabeleira esforçava-se por não a estragar. E deitaram um manto por cima deles; e, consentindo, aconchegaram-se e adormeceram.

Coleção *Brasil 500 anos*. Fasc. I. São Paulo: Abril, 1999.

1 (UFSC) De acordo com o texto, assinale a(s) proposição(ões) verdadeira(s):

(01) Pero Vaz de Caminha, um dos escrivães da armada portuguesa, escreve para o rei de Portugal, d. Manuel, relatando como foi o contato entre os portugueses e os tupiniquins.

(02) Em "E eles entraram. Mas nem sinal de cortesia fizeram, nem de falar ao Capitão; nem a ninguém", fica implícito que os tupiniquins desconheciam hierarquia ou categoria social lusitanas.

(04) Nada, na embarcação portuguesa, pareceu despertar o interesse dos tupiniquins.

(08) O trecho "... e acenava para a terra e novamente para as contas e para o colar do Capitão, como se davam ouro por aquilo. Isto tomávamos nós nesse sentido, por assim o desejarmos" evidencia que havia problemas de comunicação entre portugueses e tupiniquins.

Dê a soma dos números dos itens corretos.

2 O Barroco ficou conhecido também por outros nomes, exceto:

a) Escola Gongórica.
b) Seiscentismo.
c) Barroquismo.
d) Escola baiana.
e) Neoclassicismo.

3 Se considerarmos a *Carta* como um documento descritivo-narrativo sobre uma terra virgem e carregada de possibilidades econômicas, que aspectos dessa natureza selvagem poderiam ser destacados como possíveis de exploração comercial? De que maneira o índio poderia ser visto neste contexto?

4 (Fatec-SP) Leia atentamente o texto a seguir:

Os ouvintes ou são maus ou são bons; se são bons, faz neles grande fruto a palavra de Deus; se são maus, ainda que não faça neles fruto, faz efeito. A palavra de Deus é tão fecunda, que nos bons faz muito fruto e é tão eficaz, que nos maus, ainda que não faça fruto, faz efeito; lançada nos espinhos não frutificou, mas nasceu até nos espinhos; lançada nas pedras não frutificou, mas nasceu até nas pedras. Os piores ouvintes que há na Igreja de Deus são as pedras e os espinhos. E por quê? — Os espinhos por agudos, as pedras por duras.

Ouvintes de entendimentos agudos e ouvintes de vontades endurecidas são os piores que há. Os ouvintes de entendimentos agudos são maus ouvintes, porque vêm só a ouvir sutilezas, a esperar galantarias, a avaliar pensamentos, e às vezes também a picar quem os não pica.

Mas os de vontades endurecidas ainda são piores, porque um entendimento agudo pode-se ferir pelos mesmos fios, e vencer-se uma agudeza com outra maior; mas contra vontades endurecidas nenhuma coisa aproveita a agudeza, antes dana mais, porque quanto as setas são mais agudas, tanto mais facilmente se despontam na pedra.

E com os ouvintes de entendimentos agudos e os ouvintes de vontades endurecidas serem os mais rebeldes, é tanta a força da divina palavra, que, apesar da agudeza, nasce nos espinhos, e apesar da dureza, nasce nas pedras.

Padre Antônio Vieira. *Sermão da sexagésima*.

Julgue (V ou F) as afirmações seguintes sobre o texto de Vieira.

I. Trata-se de texto predominantemente argumentativo, no qual Vieira emprega as metáforas do espinho e da pedra para referir-se àqueles em quem a palavra de Deus não prospera.

II. Nota-se no texto a metalinguagem, pois o sermão trata da própria arte da pregação religiosa.

III. À vista da construção essencialmente fundada no jogo de ideias, fazendo progredir o tema pelo raciocínio, pela lógica, o texto caracteriza-se como conceptista.

IV. Efeito da Revolução Industrial, que reforçou a perspectiva capitalista e o individualismo, esse texto traduz a busca da natureza (pedras, espinhos) como refúgio para o eu lírico religioso.

V. Vincula-se ao Barroco, movimento estético entre cujos traços se destaca a oscilação entre o clássico (de matriz pagã) e o medieval (de matriz cristã), a qual se traduz em estados de conflito religioso.

5 Explique a seguinte afirmação barroca: "o homem barroco procura fazer da Terra o espelho do Céu!"

6 (U. E. Maringá-PR) Para responder à questão, leia o texto que segue.

Buscando a Cristo

A vós correndo vou, braços sagrados,
Nessa cruz sacrossanta descobertos,
Que, para receber-me, estais abertos,
E, por não castigar-me, estais cravados.

A vós, divinos olhos, eclipsados,
De tanto sangue e lágrimas cobertos,
Pois para perdoar-me estais despertos,
E por não condenar-me estais fechados.

A vós, pregados pés por não deixar-me,
A vós, sangue vertido para ungir-me,
A vós, cabeça baixa pra chamar-me;

A vós, lado patente, quero unir-me,
A vós, cravos preciosos, quero atar-me,
Para ficar unido, atado e firme.

MATOS, Gregório de. In: CANDIDO, A. e CASTELLO, J. A. *Presença da literatura brasileira*. v. 1. São Paulo: Difusão Europeia do Livro, 1966. p. 72.

Com relação a Gregório de Matos e sua obra, assinale o que for correto.

(01) O poema "Buscando a Cristo" mostra o processo de reconciliação de um eu pecador com o Salvador, através da descrição do Cristo crucificado. Essa descrição projetada nos detalhes dos braços, olhos, pés e cabeça torna-se mais clara pelo emprego das antíteses, como se observa, por exemplo, em "braços abertos/ cravados" (1ª estrofe) e "olhos despertos/fechados" (2ª estrofe).

(02) A marca lírica do poema "Buscando a Cristo" evidencia-se no processo de presentificação do eu lírico, marcado pelo registro dos aspectos temporais e número-pessoais dos verbos ("vou", "quero"), a que se acrescentam os juízos de valor manifestados pela adjetivação presentificada, por exemplo, em "braços sagrados", "cruz sacrossanta" e "divinos olhos".

(04) Em seu aspecto formal, o poema "Buscando a Cristo" apresenta a forma fixa do soneto: catorze versos de doze sílabas métricas, distribuídos em dois quartetos e dois tercetos. A estrutura rítmica segue o esquema ABBA, nos quartetos, e CDC, nos tercetos.

(08) Entre as figuras de linguagem usadas por Gregório de Matos, na construção do poema "Buscando a Cristo", destaca-se o emprego da anáfora, notadamente nos dois tercetos, em que a repetição de "A vós", no início dos versos, serve para enfatizar a divindade.

(16) As contradições da alma humana, evidenciando o conflito advindo do confronto entre o materialismo renascentista e o espiritualismo medieval, compõem o quadro estético do Arcadismo brasileiro, movimento literário em vigor no século XVII, do qual Gregório de Matos foi um dos maiores representantes.

Dê a soma dos números dos itens corretos.

Arcadismo

1. Os anos setecentos

No século XVIII, os **iluministas** procuraram "reacender as luzes" do Renascimento, que haviam sido temporariamente ofuscadas pela Contrarreforma e pelo Barroco. A sustentação filosófica do iluminismo tinha três pilares: a **natureza**, a **razão** e a **verdade**.

Os **enciclopedistas**, como Diderot e D'Alembert, procuraram compilar o conhecimento filosófico, histórico e científico acumulado pela humanidade.

Ao mesmo tempo que Voltaire, Rousseau, Montesquieu e outros pensadores submetiam as questões filosóficas, sociais e políticas à **razão**, homens da ciência, como Isaac Newton, procuravam interpretação para os fatos naturais. Assim como havia uma razão para os fenômenos humanos, deveria existir uma explicação precisa para os fenômenos da **natureza**.

2. O Arcadismo

O **Arcadismo** (ou **Neoclassicismo**) representou a retomada de temas e formas da estética clássica greco-romana, que já havia marcado o século XVI (no Renascimento).

Esses artifícios e temas clássicos constituem o que se denominou *topoi*. São exemplos:
- *Carpe diem* ("viver o instante"). Convite que o pastor faz à pastora para que, juntos, gozem a vida e o momento presente, sem se importar com o amanhã. Fundamental é o hoje.
- *Inutilia truncat* ("cortar o inútil"). Cortar o excedente, buscar o equilíbrio comedido, moderado, conciso e simples, contrário ao exagero barroco.
- *Locus amoenus* ("lugar agradável"). Lugar propício ao amor, onde reina a paz.
- *Aurea mediocritas* ("equilíbrio de ouro"). O ideal de simplicidade, paz e tranquilidade, sem excesso.
- *Fugere urbem* ("fugir da cidade"). A idealização bucólica pastoril, o paraíso no campo.

Figura 1

Orfeu e Eurídice, de Poussin, retrata à perfeição o ambiente idílico em cenário bucólico.

3. Arcadismo em Portugal

No reinado de d. José I (1750-1777), o país ganhou força, fazendo ressurgir com ímpeto a chama da intelectualidade portuguesa. Com o poder de fato exercido por Sebastião José de Carvalho, o marquês de Pombal, foi avante uma grande transformação portuguesa, conhecida como **reforma pombalina**.

A **educação laica** (os leigos assumiram a gestão da educação, e o ensino religioso foi banido das escolas), o **retorno de intelectuais exilados** e a **expulsão dos jesuítas** (de Portugal e de todas as colônias) permitiram um extraordinário avanço no pensamento científico-cultural. Prova disso foi a criação, em 1756, da **Arcádia Lusitana**, marco inicial do Arcadismo português.

Algumas características da Arcádia Lusitana (e de outras arcádias contemporâneas) foram:

- a adoção, pelos poetas árcades, de nomes de pastores celebrados pela cultura grega;
- a obediência restrita a regras clássicas de composição;
- a periódica apresentação de trabalhos, em declamações dos poemas;
- a realização de seminários sobre aspectos que alimentavam a estética neoclássica.

Esses procedimentos, bem como a restrição da liberdade criadora de seus membros, contribuíram para o fim da Arcádia Lusitana, que, anos mais tarde, ressurgiria com o nome de **Nova Arcádia**.

BOCAGE

Adotou o pseudônimo pastoril de Elmano Sadino e associou-se à Nova Arcádia. Como poeta, cultuou várias formas líricas. Ao lado de Camões e de Antero de Quental, é considerado um grande sonetista da literatura portuguesa.

Muitos estudiosos veem em Bocage um escritor **pré-romântico**, embora a maior parte de seus versos tenha o bucolismo, a mitologia, a leveza e o equilíbrio, características próprias da estética árcade. Estão presentes, contudo, o sentimentalismo, o pessimismo e a autopiedade.

Chorosos versos meus desentoados,
sem arte, sem beleza e sem brandura,
urdidos pela mão da Desventura,
pela baça tristeza envenenados:

Vede a luz, não busqueis, desesperados,
no mundo esquecimento e sepultura;
se os ditosos vos lerem sem ternura,
ler-vos-ão com ternura os desgraçados.

Não vos inspire, ó versos, cobardia
da sátira mordaz o furor louco,
da maldizente voz a tirania.

Desculpa tendes, se valeis tão pouco;
que não pode cantar com melodia
um peito, de gemer cansado e rouco.

4. Árcades brasileiros

A reforma pombalina, que tantas modificações provocara entre os portugueses, teve repercussão também entre os brasileiros, fazendo consolidar o Neoclassicismo. De fato, foi a primeira manifestação de cunho artístico organizada em terras nacionais, pois nossos artistas da época, por uma questão de convivência com o clima neoclássico português, transferiam para cá as novas tendências.

O marco inicial do Arcadismo brasileiro foi a publicação de *Obras poéticas*, em 1768, escrita pelo mineiro Cláudio Manuel da Costa. Além desse autor, destacam-se também Tomás Antônio Gonzaga, Silva Alvarenga, Alvarenga Peixoto, Basílio da Gama e Santa Rita Durão.

A arte brasileira no período árcade foi contemporânea de Antônio Francisco Lisboa, o Aleijadinho. Não se pode dizer, no entanto, que as obras do Aleijadinho reproduzam as características marcantes do Neoclassicismo europeu. Seus trabalhos estão mais voltados ao Barroco e ao rococó do que, propriamente, ao Arcadismo.

CLÁUDIO MANUEL DA COSTA

Diferencia-se de outros árcades por seus textos apresentarem um cenário típico de Minas Gerais, mais característico da região de Vila Rica e Mariana: montanhas, montes, pedras, penhas, penhascos etc.

> Sou pastor; não te nego; os meus montados
> São esses, que aí vês; vivo contente
> Ao trazer entre a relva florescente
> A doce companhia dos meus gados;
>
> Ali me ouvem os troncos namorados,
> Em que se transformou a antiga gente;
> Qualquer deles o seu estrago sente;
> Como eu sinto também os meus cuidados.
>
> Vós, ó troncos, (lhes digo) que algum dia
> Firmes vos contemplastes, e seguros
> Nos braços de uma bela companhia;
>
> Consolai-vos comigo, ó troncos duros;
> Que eu alegre algum tempo assim me via;
> E hoje os tratos de Amor choro perjuros.

Em 1773, compôs o poema épico *Vila Rica*, publicado em 1839. Trata-se da descrição da epopeia dos bandeirantes paulistas ao desbravarem os sertões, suas lutas com indígenas e a fundação de Vila Rica. Embora fiel aos preceitos do Arcadismo, *Vila Rica* destaca-se pela temática brasileira.

TOMÁS ANTÔNIO GONZAGA

Adotou o pseudônimo de Dirceu. Escreveu duas obras: os poemas líricos de *Marília de Dirceu* e a sátira *Cartas chilenas*, na qual ridiculariza o governador de Minas, Luís da Cunha Meneses.

> Eu, Marília, não sou algum vaqueiro,
> Que viva de guardar alheio gado;
> De tosco trato, de expressões grosseiro,
> Dos frios gelos e dos sóis queimado.
> Tenho próprio casal e nele assisto;
> Dá-me vinho, legume, fruta, azeite;
> Das brancas ovelhinhas tiro o leite,
> E mais as finas lãs, de que me visto.
> Graças, Marília bela,
> Graças à minha *estrela*!
>
> Eu vi o meu semblante numa fonte:
> Dos anos inda não está cortado;
> Os pastores que habitam este monte
> Respeitam o poder do meu cajado.
> Com tal destreza toco a sanfoninha,
> Que inveja até me tem o próprio Alceste:
> Ao som dela concerto a voz celeste
> Nem canto letra, que não seja minha.
> Graças, Marília bela,
> Graças à minha Estrela!
> [...]

Esses versos são do poema *Marília de Dirceu*, considerado obra-prima de Gonzaga. Neles, Dirceu dirige-se à pastora Marília. A obra evidencia características do Arcadismo: tom pastoril, bucolismo, simplicidade campestre e ingenuidade. Na segunda parte, escrita na prisão, o tom pessimista e confessional dará aos textos uma caracterização pré-romântica.

Cartas chilenas são assinadas por Critilo (um pseudônimo) e escritas em versos decassílabos. Relatam desmandos, corrupção, abuso de poder, ignorância e incúria administrativa praticados por Fanfarrão Minésio (Luís da Cunha Meneses) no governo do Chile (na verdade, Vila Rica). As treze *Cartas* são dirigidas a Doroteu (Cláudio Manuel da Costa). Durante muito tempo, Cláudio Manuel foi tido como o autor das cartas.

ALVARENGA PEIXOTO

Sua obra literária — pequena, irregular e longe de acompanhar a qualidade dos outros árcades — mostrava as características do Arcadismo, em versos que apelavam para sentimentos bucólicos e nativistas.

SILVA ALVARENGA

Usou o pseudônimo de Alcindo Palmireno. Sua obra fundamental é *Glaura* (1799).

BASÍLIO DA GAMA

Como prova de seu antijesuitismo, Basílio da Gama dedicou seu poema épico *O Uraguai* (1769) ao seu protetor, o marquês de Pombal. O poema apresenta cinco cantos em estrofes irregulares e versos decassílabos brancos. A irregularidade estrutural, que foge aos padrões camonianos, atinge, entretanto, qualidade satisfatória. O tema era a nefasta ação dos jesuítas nos Sete Povos das Missões e cantava feitos tidos por heroicos, atribuídos a Pombal.

SANTA RITA DURÃO

Sua obra-prima é o poema épico *Caramuru*, que descreve paisagens brasileiras e costumes indígenas, assumindo caráter nativista. Composto por dez cantos, versos decassílabos organizados em oitava rima, segue o modelo camoniano. O poema conta a história de Diogo Álvares Correia, que, depois de um naufrágio, chega às costas baianas, é recebido por índios e dá tiros para assustar os nativos. Passa a ser chamado de Caramuru. Diogo divide-se entre o amor de Paraguaçu e Moema. Volta para a Europa acompanhado pela bela Paraguaçu. Abandonada, Moema segue a nado a embarcação e morre afogada.

ATIVIDADES

1 Sobre o Arcadismo, assinale a alternativa incorreta:
a) O período nasceu como uma reação ao Barroco.
b) Os poemas desta escola são embasados em lemas latinos, como *carpe diem, locus amoenus, fugere urbem, inutilia truncat* e *aurea mediocritas*.
c) Teve como expoentes na poesia Gregório de Matos (no Brasil) e Bocage (em Portugal).
d) No Brasil, ficou também conhecido como *escola mineira*, coincidindo com o ciclo do ouro.
e) Em Portugal teve início com a formação da Arcádia Lusitana, cujo lema era *inutilia truncat*, "cortar o inútil".

2 (U. F. Juiz de Fora-MG) Leia atentamente o soneto de Manuel Maria Barbosa du Bocage, a seguir:

> Incultas produções da mocidade
> Exponho a vossos olhos, ó leitores.
> Vede-as com mágoas, vede-as com
>   [piedade,
> Que elas buscam piedade e não louvores.
>
> Ponderai da Fortuna a variedade
> Nos meus suspiros, lágrimas e amores;
> Notai dos males seus a imensidade,
> A curta duração dos seus favores.
>
> E se entre versos mil de sentimento
> Encontrardes alguns, cuja aparência
> Indique festival contentamento.
>
> Crede, ó mortais, que foram com violência
> Escritos pela mão do Fingimento,
> Cantados pela voz da Dependência.

Considerando o soneto anterior e a relação do poeta com o Arcadismo português, é correto afirmar:

a) Criticamente, pode-se dividir a obra poética de Bocage em duas fases: uma árcade — quando a obediência do autor a normas da escola neoclássica é observada — e outra pré-romântica — quando a individualidade, o pessimismo e o sentimentalismo levam o autor a discordar dos ideais seguidos na fase anterior.
b) Criticamente, pode-se considerar a obra poética de Bocage integralmente árcade, com o poeta revelando pleno domínio das técnicas propostas pela escola neoclássica e demonstrando uma atitude de conformismo com o conteúdo dessas propostas.

c) Criticamente, pode-se dizer que Bocage representa o mais autêntico estilo romântico na totalidade de sua produção, com o poeta ultrapassando as normas estéticas do Arcadismo do século XVIII.

d) Criticamente, a obra poética de Bocage é vista como um divisor de águas entre a estética da poesia do Renascimento e os propósitos de valorização do individualismo no movimento do Realismo.

3 (UFPB) Considere o trecho seguinte:

> Tenho próprio casal e nele assisto;
> Dá-me vinho, legume, fruta, azeite;
> Das brancas ovelhinhas tiro o leite,
> E mais as finas lãs de que me visto.
> [...] É bom, minha Marília, é bom ser dono
> De um rebanho, que cubra monte e prado;
> Porém, gentil pastora, o teu agrado
> Vale mais que um rebanho e mais que
> [um trono.

O fragmento transcrito demonstra que o seu autor, Tomás Antônio Gonzaga, vinculou-se ao Arcadismo e foi, ao mesmo tempo, um antecipador do movimento romântico. Justifique.

Leia com atenção o texto a seguir.

> Marília, de que te queixas?
> De que te roubou Dirceu
> O sincero coração?
> Não te deu também o seu?
> E tu, Marília, primeiro
> Não lhe lançaste o grilhão?
> Todos amam, só Marília
> Desta lei da natureza
> Queria ter isenção?
>
> Em torno das castas pombas
> Não rulam ternos pombinhos?
> E rulam, Marília, em vão?
> Não se afagam c'os biquinhos?
> E a prova de mais ternura
> Não os arrasta a paixão?
> Todos amam: só Marília
> Desta lei da natureza
> Queria ter isenção?
>
> Já viste, minha Marília,
> Avezinhas, que não façam
> Os seus ninhos no verão?
> Aquelas, com quem se enlaçam,
> Não vão cantar-lhes defronte
> Do mole pouso, em que estão?
> Todos amam: só Marília
> Desta lei da natureza
> Queria ter isenção?
>
> Se os peixes, Marília, geram
> Nos bravos mares, e rios,
> Tudo efeitos de amor são.
> Amam os brutos ímpios,
> A serpente venenosa,
> A onça, o tigre, o leão.
> Todos amam: só Marília
> Desta lei da natureza
> Queria ter isenção?
> [...]

4 (UERJ, adaptada) Na interlocução com a mulher amada, o poeta utiliza elementos da natureza.

a) Caracterize a presença da natureza no poema.

b) Indique dois traços da tradição clássica presentes no poema.

EXERCÍCIOS COMPLEMENTARES

1 (U. F. Ouro Preto-MG) Com relação a *Marília de Dirceu*, de Tomás Antônio Gonzaga, assinale a alternativa incorreta:

a) As liras que compõem o livro são quase sempre poemas de lirismo amoroso que invocam a pastora Marília, amada do pastor Dirceu.

b) Apesar de invocarem com grande frequência o tema do amor, as liras não apresentam a atmosfera atormentada dos conflitos da paixão, antes exaltam a serenidade e a naturalidade na relação amorosa.

c) Muitas das liras são dedicadas à tarefa de demonstrar à bem-amada a ordem e a harmonia das coisas naturais.

d) Tendo sido Gonzaga um inconfidente, escreveu esse livro para descrever a situação geral da Colônia, oprimida pela exploração ferrenha da metrópole portuguesa.

e) Algumas liras são destinadas a afirmar a dignidade e a valia do pastor Dirceu. Grande parte delas foi escrita no período em que Gonzaga esteve preso e, assim, revela-se, sob o disfarce do pastor, a presença dos dramas pessoais do autor, caído em desgraça, no momento da produção dos poemas.

2 (Mackenzie-SP) Assinale a alternativa em que aparece uma característica imprópria do Arcadismo.

a) Bucolismo.
b) Presença de entidades mitológicas.
c) Exaltação da natureza.
d) Tranquilidade no relacionamento amoroso.
e) Evasão pela morte.

3 (Vunesp) Leia o poema:

Alteia

Aquele amor amante,
Que nas úmidas ribeiras
Deste cristalino rio
Guiava as brancas ovelhas;

Aquele, que muitas vezes
Afinando a doce avena,
Parou as ligeiras águas,
Moveu as bárbaras penhas;

Sobre uma rocha sentado
Caladamente se queixa:
Que para formar as vozes,
Teme, que o ar as perceba.

COSTA, Cláudio Manuel da. *Poemas*. São Paulo: Cultrix, 1966. p. 156.

Nesse fragmento do romance *Alteia*, de Cláudio Manuel da Costa, acumulam-se características peculiares do Arcadismo. Releia o texto que lhe apresentamos e a seguir:

a) aponte duas dessas características.

b) justifique sua resposta com, pelo menos, duas citações do texto.

4 (PUC-MG)

Texto I

Discreta e formosíssima Maria,
Enquanto estamos vendo claramente
Na vossa ardente vista o sol ardente,
E na rosada face a aurora fria;

Enquanto pois produz, enquanto cria
Essa esfera gentil, mina excelente
No cabelo o metal mais reluzente,
E na boca a mais fina pedraria.

Gozai, gozai da flor da formosura,
Antes que o frio da madura idade
Tronco deixe despido o que é verdura.

Que passado o zênite da mocidade,
Sem a noite encontrar da sepultura,
É cada dia ocaso da beldade.

Gregório de Matos

Texto II

Minha bela Marília, tudo passa;
A sorte deste mundo é mal segura;
Se vem depois dos males a ventura,
Vem depois dos prazeres a desgraça.
Estão os mesmos Deuses
Sujeitos ao poder do ímpio Fado:
Apolo já fugiu do céu brilhante,
Já foi Pastor de gado.

Ah! enquanto os Destinos impiedosos
Não voltam contra nós a face irada,
Façamos, sim façamos, doce amada,
Os nossos breves dias mais ditosos.
Um coração, que, frouxo,
A grata posse de seu bem difere
A si, Marília, a si próprio rouba,
E a si próprio fere.

Ornemos nossas testas com as flores
E façamos de feno um brando leito;
Prendamo-nos, Marília, em laço estreito,
Gozemos do prazer de sãos Amores.
Sobre as nossas cabeças,
Sem que o possam deter, o tempo corre;
E para nós o tempo, que se passa,
Também, Marília, morre.

Tomás Antônio Gonzaga

O texto I é barroco; o texto II é árcade. Comparando-os, é correto afirmar, exceto:

a) Os barrocos e os árcades expressam sentimentos.
b) As construções sintáticas barrocas revelam um interior conturbado.
c) O desejo de viver o prazer é dirigido à amada nos dois textos.
d) Os árcades têm uma visão de mundo mais angustiada que os barrocos.

5 Julgue (V ou F) as afirmações:

I. *O Uraguai*, poema épico clássico que antecipa em várias direções o Romantismo, é motivado por dois propósitos indisfarçáveis: exaltação da política pombalina e antijesuitismo radical.

II. O(A) autor(a) do poema épico *Vila Rica*, no qual exalta os bandeirantes e narra a história da atual Ouro Preto, desde a sua fundação, cultivou a poesia bucólica, pastoril, na qual menciona a natureza como refúgio.

III. Em *Marília de Dirceu*, Marília é quase sempre um vocativo; embora tenha a estrutura de um diálogo, a obra é um monólogo — só Gonzaga fala, raciocina; constantemente cai em contradição quanto à sua postura de pastor e sua realidade de burguês.

6 Complete: o Arcadismo é uma reação ao _____ .

Justifique a sua resposta, evidenciando as características dos dois períodos.

Ideais românticos/Romantismo em Portugal

1. Os ideais românticos

Ainda no final do século XVIII, a arte perde o tom clássico e, lentamente, pende ao gosto de uma plateia não tão seleta: a burguesia, que mantinha os traços da influência religiosa, o apego ao amor pátrio, o gosto pelas lendas e o exotismo das novas terras, a admiração pela natureza idílica e pueril, o culto da história — especialmente histórias da Idade Média. Cultivavam-se o admirável mundo dos sonhos, as fugas e a loucura, a inspiração medieval das novelas de cavalaria.

Por outro lado, ainda sob forte influência do fracasso ideológico, havia a tentativa de reformar o mundo, de construir o homem feliz, de resgatar o homem bom e puro, ainda que essa tradução de realidade refletisse uma concepção utópica de sociedade.

Figura 1

Não somente os escritores viam a natureza em consonância com seus estados de alma. Friedrich pintou quase exclusivamente paisagens com grande subjetividade. Ao lado, *O viajante acima do mar de nuvens*, de Caspar David Friedrich (óleo sobre tela, 1818).

No espírito romântico, estão presentes os dramas da existência, a incerteza, a insatisfação do viver e a ideia da morte. O abandono e o sofrimento sobressaem: o poeta não consegue ter um amor que o satisfaça; por isso, encontra-se sozinho, mas crê na realização de seus sonhos.

2. O romantismo português

Em Portugal, o Romantismo tem início em 1825, com a publicação do poema *Camões*, de Almeida Garrett.

Os principais expoentes do Romantismo luso foram, entre outros, Almeida Garrett, Alexandre Herculano e Camilo Castelo Branco.

ALMEIDA GARRETT

Na **poesia** de Garrett, destacam-se *Retrato de Vênus* (1821), *Camões* (1825), *Dona Branca* (1826), *Folhas caídas* (1853). Seus **romances** foram *O arco de Sant'Ana* (1845-1850), *Viagens na minha terra* (1846). Suas mais importantes obras para o **teatro** foram *Lucrécia* (1819), *Catão* (1821), *O alfageme de Santarém* (1842) e *Frei Luís de Sousa* (1844).

Com a obra *Folhas caídas*, Garrett demonstra sua maturidade como autor romântico. A seguir, trecho de um dos poemas desse livro.

Quando eu sonhava

Quando eu sonhava, era assim
Que nos meus sonhos a via;
E era assim que me fugia,
Apenas eu despertava,
Essa imagem fugidia
Que nunca pude alcançar.
[...]

ALEXANDRE HERCULANO

Sua obra é marcada pela capacidade de investigação histórica. Seus romances, contos e poesias procuram conciliar aspectos ficcionais e precisão histórica. Essa particularidade dá à obra de Herculano uma característica mais clássica e menos romântica pelo seu caráter de verossimilhança. Outro ponto de destaque é o nacionalismo e o moralismo católico presentes em suas obras.

Suas produções mais conhecidas são os romances *O bobo* (1843), *Eurico, o presbítero* (1844) e *O monge de Cister* (1841-1848), os contos de *Lendas e narrativas* (1851) e sua poesia reunida em *A voz do profeta* (1836) e *Harpa do crente* (1838).

CAMILO CASTELO BRANCO

Entre as dezenas de romances, novelas, contos, poesias, peças teatrais e críticas literárias produzidas por Camilo Castelo Branco, podem-se destacar as novelas, ponto máximo de sua obra: *Coração, cabeça e estômago* (1861), *Amor de perdição* (1862), *Amor de salvação* (1864), *A queda de um anjo* (1866), *Novelas do Minho* (1877), *Eusébio Macário* (1879), por exemplo. Camilo faz parte do Ultrarromantismo; entretanto, conviveu com o surgimento do Realismo. Seus últimos romances e novelas apresentam forte ligação com as teorias que fundamentaram o estilo realista, mas sem abandonar de todo certos sentimentalismos românticos.

ATIVIDADES

1 (Fuvest-SP)

Quero me casar

Quero me casar
na noite na rua
no mar ou no céu
quero me casar.
Procuro uma noiva
loura morena
preta ou azul
uma noiva verde
uma noiva no ar
como um passarinho.

Depressa, que o amor
não pode esperar!

Carlos Drummond de Andrade. *Alguma poesia*.

a) Caracterize brevemente a concepção de amor presente nesse poema.

b) Compare essa concepção de amor com a que predominava na literatura do Romantismo.

2 (UFABC-SP) Assinale a alternativa em que se encontram três características do movimento literário ao qual se dá o nome de Romantismo.
a) Predomínio da razão, perfeição da forma, imitação dos antigos gregos e romanos.
b) Reação anticlássica, busca de temas nacionais, sentimentalismo e imaginação.
c) Anseio de liberdade criadora, busca de verdades absolutas e universais, arte pela arte.
d) Desejo de expressar a realidade objetiva, erotismo, visão materialista do Universo.
e) Preferência por temas medievais, rebuscamento de conteúdo e de forma, tentativa de expressar a realidade inconsciente.

Texto para as questões 3 e 4.

Estranha forma de vida

Foi por vontade de Deus
Que eu vivo nesta ansiedade,
Que todos os ais são meus
Que é toda a minha saudade
Foi por vontade de Deus.

Que estranha forma de vida
Tem este meu coração;
Vive de vida perdida
Quem lhe daria o condão,
Que estranha forma de vida!

Coração independente
Coração que não comando,
Vives perdido entre a gente
Teimosamente sangrando,
Coração independente!

Eu não te acompanho mais.
Para, deixa de bater.
Se não sabes aonde vais,
Por que teimas em correr?
Eu não te acompanho mais!

Se não sabes aonde vais,
Para, deixa de bater.
Eu não te acompanho mais!

Amália Rodrigues – *álbum duplo em vinil n.C1874-15672*, Paris: Pathe Marconi / EMI, 1975.

3 (Vunesp) Embora tenha-se originado no Brasil, de onde desapareceu, o fado é uma poesia-canção portuguesa e representa uma das mais fortes expressões populares de identidade nacional. Do ponto de vista literário, identifica-se em muito com o ideário poético do Romantismo, como, de resto, também acontece com significativa parcela de gêneros da chamada Música Popular Brasileira. Tendo em vista essas observações, releia a letra do fado que lhe apresentamos e a seguir:

a) identifique duas características da poética romântica;

b) comprove sua resposta com elementos extraídos do texto.

4 (Vunesp) Uma das características formais mais evidentes em "Estranha forma de vida" é a construção das primeiras estrofes de acordo com um processo de reiteração na distribuição dos versos. Releia o texto e a seguir responda: Que reiterações acontecem na estruturação das quatro primeiras estrofes de "Estranha forma de vida"?

EXERCÍCIOS COMPLEMENTARES

1 (UFRS) Leia:

A revolução romântica altera e subverte quase tudo o que era tido como consagrado no Classicismo. Assim, na proposta do Classicismo, o valor básico é situado na própria obra. O artista apaga-se por trás de sua realização [...]. O Romantismo não aceita essa concepção. Para ele, o peso não está mais no produto; o que lhe importa é o artista e sua autoexpressão. A objetividade da obra como valor por si deixa de ser um elemento vital do fazer artístico. A criação [...] serve apenas de recurso, de via de comunicação para a mensagem do criador.

A. Rosenfeld e J. Guinsburg

Em relação ao texto lido, é correto afirmar:

a) O Romantismo altera os padrões clássicos de Verdade e Beleza, mas o artista mantém sua posição de objetividade diante da obra.

b) Na concepção romântica de arte, o mais importante é a subjetividade do criador e o seu modo de expressá-la na obra.

c) Por não aceitar a concepção clássica, o Romantismo acaba enfatizando a obra em si mesma e isentando o artista de uma participação efetiva nela.

d) Embora Classicismo e Romantismo discordem quanto à presença do artista na obra, a concepção de valor artístico, em ambos, permanece inalterada.

2 (Enem-MEC) No trecho a seguir, o narrador, ao descrever a personagem, critica sutilmente outro estilo de época: o Romantismo.

> Naquele tempo contava apenas uns quinze ou dezesseis anos; era talvez a mais atrevida criatura da nossa raça e, com certeza, a mais voluntariosa. Não digo que já lhe coubesse a primazia da beleza, entre as mocinhas do tempo, porque isto não é romance, em que o autor sobredoura a realidade e fecha os olhos às sardas e espinhas; mas também não digo que lhe maculasse o rosto nenhuma sarda ou espinha, não. Era bonita, fresca, saía das mãos da natureza, cheia daquele feitiço, precário e eterno, que o indivíduo passa a outro indivíduo, para os fins secretos da criação.
>
> Machado de Assis. *Memórias póstumas de Brás Cubas*.

A frase do texto em que se percebe a crítica do narrador ao Romantismo está transcrita na alternativa:

a) "... o autor sobredoura a realidade e fecha os olhos às sardas e espinhas..."
b) "... era talvez a mais atrevida criatura da nossa raça..."
c) "Era bonita, fresca, saía das mãos da natureza, cheia daquele feitiço, precário e eterno..."
d) "Naquele tempo contava apenas uns quinze ou dezesseis anos..."
e) "... o indivíduo passa a outro indivíduo, para os fins secretos da criação."

3 A obra ... , de ..., tem como tema central os conflitos amorosos envolvendo os irmãos Pedro e Daniel, e as irmãs Clara e Guida, apaziguados pela figura simpática do padre Antônio.

A alternativa que preenche corretamente as lacunas é:

a) *Viagens na minha terra* / Almeida Garrett
b) *As pupilas do senhor reitor* / Júlio Dinis
c) *Eurico, o presbítero* / Alexandre Herculano
d) *Amor de perdição* / Camilo Castelo Branco
e) *A noite do castelo* / Antônio Feliciano Castilho

4 Camilo Castelo Branco é, inevitavelmente, o mais profícuo escritor romântico. Sua prosa é carregada de sentimentalismo, caindo no gosto do leitor da época, daí a sua enorme popularidade. A que tipo de texto o escritor deu preferência? Que características ele apresenta? Cite uma obra representativa desse estilo.

_____
_____
_____
_____
_____
_____
_____
_____
_____
_____

5 (Vunesp)

> Sim, leitor benévolo, e por esta ocasião te vou explicar como nós hoje em dia fazemos a nossa literatura. Já me não importa guardar segredo. [...]
>
> Trata-se de um romance, de um drama. Cuidas que vamos estudar a história, a natureza, os monumentos, as pinturas, os sepulcros, os edifícios, as memórias da época? Não seja pateta, senhor leitor, nem cuide que nós o somos. Desenhar caracteres e situações do vivo da natureza, colori-los das cores verdadeiras da história [...] isso é trabalho difícil,

longo, delicado; exige um estudo, um talento, e sobretudo um tacto! [...] Não, senhor, a coisa faz-se muito mais facilmente. [...] Todo o drama e todo o romance precisa de:

Uma ou duas damas,

Um pai,

Dois ou três filhos de dezenove a trinta anos,

Um criado velho,

Um monstro, encarregado de fazer as maldades,

Vários tratantes, e algumas pessoas capazes para intermédios.

Ora bem; vai-se aos figurinos franceses de Dumas, de Eugénio Sue, de Vítor Hugo, e recorta a gente, de cada um deles, as figuras de que precisa, gruda-as sobre uma folha de papel da cor da moda, verde, pardo, azul — como fazem as raparigas inglesas aos seus álbuns e *scrapbooks*; forma com elas os grupos e situações que lhe parece; não importa que sejam mais ou menos disparatados. Depois vai-se às crônicas, tiram-se uns poucos de nomes e palavrões velhos; com os nomes crismam-se os figurões; com os palavrões iluminam-se... (estilo de pintor pinta-monos). — E aqui está como nós fazemos a nossa literatura original.

In: GARRETT, Almeida. *Obra completa*. Porto: Lello & Irmão, 1963. p. 27-28.

Almeida Garrett (1799-1854), que pertenceu à primeira fase do Romantismo português, é poeta, prosador e dramaturgo dos mais importantes da literatura portuguesa. Em *Viagens na minha terra* (1846), mistura, em prosa rica, variada e espirituosa, o relato jornalístico, a literatura de viagens, as divagações sobre temas da época e os comentários críticos, muitas vezes mordazes, sobre a literatura em voga no período. Releia o texto que lhe apresentamos e, a seguir, responda:

a) A que gêneros literários se refere Almeida Garrett?

b) Quais os principais defeitos, segundo Garrett, dos escritores que elaboravam obras de tais gêneros?

6 Julgue (V ou F) as proposições a seguir:

I. Alexandre Herculano é um dos maiores escritores românticos portugueses, com destaque para a historiografia.

II. A Idade Média é um dos motivadores para a criação literária de Alexandre Herculano.

III. Eurico e Hermengarda são duas personagens de *Eurico, o presbítero*.

Romantismo no Brasil

1. Primeira geração romântica brasileira (poesia)

O Romantismo no Brasil inicia-se em 1836, com a publicação de *Suspiros poéticos e saudades*, de Gonçalves de Magalhães, e o lançamento, em Paris, da revista *Niterói, a revista brasiliense*, produzida por Gonçalves de Magalhães, Araújo Porto Alegre, Sales Torres Homem e Pereira da Silva.

GONÇALVES DE MAGALHÃES

Domingos José Gonçalves de Magalhães, embora tenha lançado o Romantismo no Brasil, nunca foi um autêntico romântico, por causa de sua formação clássica. Escreveu *Urânia* e *Cantos fúnebres*, entre outras obras, e foi o primeiro autor de uma tragédia para teatro: *Antônio José ou O poeta e a Inquisição*.

GONÇALVES DIAS

Gonçalves Dias é considerado o primeiro grande poeta romântico brasileiro. Recebeu uma forte influência da literatura medievalista portuguesa, com acentuada tendência clássica.

Suas principais obras foram:
- na **poesia**, *Primeiros cantos* (1846), *Segundos cantos* e *Sextilhas de frei Antão* (1848), *Últimos cantos* (1851, na qual se encontra um poema clássico do Romantismo brasileiro da primeira geração: "I-Juca-Pirama") e *Os timbiras* (1857);
- no **teatro**, *Leonor de Mendonça* (1847).

Evidenciando o **nacionalismo** próprio dos românticos, Gonçalves Dias descreve a terra brasileira com tons acentuadamente idealizados, de modo que ela adquire cores paradisíacas.

Canção do exílio

Minha terra tem palmeiras,
Onde canta o Sabiá;
As aves que aqui gorjeiam
Não gorjeiam como lá.

Nosso céu tem mais estrelas,
Nossas várzeas têm mais flores,
Nossos bosques têm mais vida,
Nossa vida mais amores.

Em cismar, sozinho, à noite,
Mais prazer encontro eu lá;
Minha terra tem palmeiras,
Onde canta o Sabiá.

Minha terra tem primores,
Que tais não encontro eu cá;
Em cismar — sozinho, à noite —
Mais prazer encontro eu lá;
Minha terra tem palmeiras,
Onde canta o Sabiá.

Não permita Deus que eu morra,
Sem que eu volte para lá;
Sem que desfrute os primores
Que não encontro por cá;
Sem qu'inda aviste as palmeiras,
Onde canta o Sabiá.

Outra característica inerente aos autores do Romantismo brasileiro, principalmente da primeira geração, é o **indianismo**.

I-Juca-Pirama

Meu canto de morte,
Guerreiros, ouvi:
Sou filho das selvas,
Nas selvas cresci;
Guerreiros, descendo
Da tribo tupi. [...]

Da tribo pujante,
Que agora anda errante
Por fado inconstante,
Guerreiros, nasci:
Sou bravo, sou forte,
Sou filho do Norte;
Meu canto de morte,
Guerreiros, ouvi.
[...]

2. Segunda geração romântica brasileira

Conhecidos como ultrarromânticos, os autores da segunda geração receberam a influência dos franceses Lamartine e Musset e do inglês Byron. O desejo de morrer, a incompreensão do mundo, o escapismo, a dualidade entre a liberdade existencial e a religiosidade, o exagero fantasioso, o gosto pelo mórbido — às vezes, pelo satânico — e a melancolia profunda (*spleen*, para os ingleses; mal do século, para os franceses) são características presentes nos textos dos autores dessa geração romântica. Os principais nomes brasileiros dessa geração foram Álvares de Azevedo, Casimiro de Abreu, Fagundes Varela e Junqueira Freire.

ÁLVARES DE AZEVEDO

Manuel Antônio Álvares de Azevedo é considerado o mais importante poeta da segunda geração romântica brasileira; bem cedo começou a se interessar pela obra de poetas românticos europeus, principalmente Byron e Musset, que o influenciaram profundamente. Em São Paulo, iniciou o curso de direito, que não chegou a concluir. Foi ainda em São Paulo que escreveu toda a sua obra; contudo, morreu sem vê-la publicada. *Lira dos vinte anos* é seu mais expressivo trabalho em poesia. *Noite na taverna*, uma reunião de contos fantásticos, expressa verdadeiramente a influência de Byron e aproxima-se dos contos de Edgar Allan Poe. Na poesia, Álvares de Azevedo deixou três obras: *Conde Lopo*, *Poema do frade* e *Pedro Ivo*. Escreveu também a peça teatral *Macário*.

Álvares de Azevedo representou o que de melhor existiu na segunda geração romântica brasileira. Profundamente sintonizada com o estilo de autores românticos europeus, sua poesia ganhou força na melancolia, na fantasia, no sonho e nos ardores juvenis de seu tempo, com declarado exagero existencial e um tom melodioso nos versos. Notam-se, em seu estilo, a idealização da mulher e certo apelo à figura materna; seus ambientes são mórbidos, acinzentados pela presença constante da morte e da necessidade de fuga.

Se eu morresse amanhã

Se eu morresse amanhã, viria ao menos
Fechar meus olhos minha triste irmã;
Minha mãe de saudades morreria
Se eu morresse amanhã!

Quanta glória pressinto em meu futuro!
Que aurora de porvir e que manhã!
Eu perdera chorando essas coroas
Se eu morresse amanhã!

Que sol! que céu azul! que doce n'alva
Acorda a natureza mais louçã!
Não me batera tanto amor no peito
Se eu morresse amanhã!

Mas essa dor da vida que devora
A ânsia de glória, o dolorido afã...
A dor no peito emudecera ao menos
Se eu morresse amanhã!

Álvares de Azevedo ironiza a própria condição romântica. Com o uso da metalinguagem e um tom juvenil um tanto debochado, aborda o exagero e a fantasia, próprios do Romantismo.

É ela! É ela! É ela! É ela!

[...]
Afastei a janela, entrei medroso...
Palpitava-lhe o seio adormecido...
Fui beijá-la... roubei do seio dela
um bilhete que estava ali metido...

Oh! decerto... (pensei) é doce página
onde a alma derramou gentis amores;
são versos dela... que amanhã decerto
ela me enviará cheios de flores...

[...]
É ela! é ela! — repeti tremendo;
mas cantou nesse instante uma coruja...
Abri cioso a página secreta...
Oh! meu Deus! era um rol de roupa suja!
[...]

Noite na taverna é uma narrativa constituída de sete partes (ou contos), rondando a seguinte situação: jovens embriagados encontram-se numa taverna, em noite de temporal. Depois de discutirem sobre o amor, a vida e a delícia dos vinhos, acham por bem cada um contar uma história, ou casos fantásticos, quase sempre com temática ligada à morte, à sensualidade, ao canibalismo, ao incesto e à necrofilia.

CASIMIRO DE ABREU

Casimiro José Marques de Abreu, com uma linguagem simples, de fácil assimilação, traduziu os temas românticos mais acessíveis: amores platônicos e quase sempre impossíveis, o medo de se entregar e de se revelar à pessoa amada, a delicadeza dos sentimentos, a ingenuidade das intenções, a pureza da infância e da natureza, que convergem para a melancolia e para a tristeza.

Meus oito anos

> Oh! souvenirs! printemps! aurores!
> Victor Hugo

Oh! que saudades que tenho
Da aurora da minha vida,
Da minha infância querida
Que os anos não trazem mais!
Que amor, que sonhos, que flores,
Naquelas tardes fagueiras
À sombra das bananeiras,
Debaixo dos laranjais!

Como são belos os dias
Do despontar da existência!
— Respira a alma inocência
Como perfumes a flor;
O mar é — lago sereno,
O céu — um manto azulado,
O mundo — um sonho dourado,
A vida — um hino d'amor!
[...]

Canção do exílio

Se eu tenho de morrer na flor dos anos
Meu Deus! Não seja já;
Eu quero ouvir na laranjeira, à tarde,
Cantar o sabiá!

Meu Deus, eu sinto e tu bem vês que eu
[morro
Respirando este ar;
Faz que eu viva, Senhor! Dá-me de novo
Os gozos do meu lar!

O país estrangeiro mais belezas
Do que a pátria não tem;
E este mundo não vale um só dos beijos
Tão doces duma mãe!

Dá-me os sítios gentis onde eu brincava
Lá na quadra infantil;
Dá que eu veja uma vez o céu da pátria,
O céu do meu Brasil!
[...]

FAGUNDES VARELA

Fagundes Varela produziu uma poesia que se destaca pela ausência de artificialismo. A vida boêmia e, principalmente, a morte do filho marcaram seu texto com um caráter quase confessional, em que a palavra se associa ao sentimento, num momento de pura comoção e eloquência.

Cântico do calvário

*À memória de meu filho,
morto a 11 de dezembro de 1863*

Eras na vida a pomba predileta
Que sobre um mar de angústias conduzia
O ramo da esperança. — Eras a estrela
Que entre as névoas do inverno cintilava
Apontando o caminho ao pegureiro.
Eras a messe de um dourado estio.
Eras o idílio de um amor sublime.
Eras a glória, — a inspiração, — a pátria,
O porvir de teu pai! — Ah! no entanto,
Pomba, — varou-te a flecha do destino!
Astro, — engoliu-te o temporal do norte!
Teto, — caíste! — Crença, já não vives!
[...]

3. Terceira geração romântica brasileira

A terceira geração romântica brasileira, inspirada pelos princípios libertários defendidos por Victor Hugo, tornou-se conhecida como **geração condoreira**.

CASTRO ALVES

Filho da burguesia liberal, Castro Alves enfatizou essa tendência em seus trabalhos. Seus versos são revolucionários e não reproduzem o estilo melancólico-depressivo de seus antecessores. Seu idealismo é contagiante; abraça com entusiasmo as causas públicas, principalmente a abolicionista, e recebe, por isso, a alcunha de "Poeta dos Escravos".

Os dois poemas mais conhecidos de Castro Alves sobre o tema da escravidão são: "Vozes d'África" e "Navio negreiro", ambos do livro *Os escravos*.

Navio negreiro (fragmentos)

IV

Era um sonho dantesco... O tombadilho
Que das luzernas avermelha o brilho,
 Em sangue a se banhar.
Tinir de ferros... estalar do açoite...
Legiões de homens negros como a noite,
 Horrendos a dançar...

Negras mulheres, suspendendo às tetas
Magras crianças, cujas bocas pretas
 Rega o sangue das mães.
Outras, moças... mas nuas, espantadas,
No turbilhão de espectros arrastadas,
 Em ânsia e mágoa vãs!
E ri-se a orquestra, irônica, estridente...
E da ronda fantástica a serpente
 Faz doudas espirais...
Se o velho arqueja, se no chão resvala...
Ouvem-se gritos... o chicote estala.
 E voam mais e mais...
[...]

VI

E existe um povo que a bandeira empresta
P'ra cobrir tanta infâmia e cobardia!...
E deixa-a transformar-se nessa festa
Em manto impuro de bacante fria!...
Meu Deus! meu Deus! mas que bandeira
[é esta,

Que impudente na gávea tripudia?!...
Silêncio!... Musa! chora, chora tanto
Que o pavilhão se lave no teu pranto...

Auriverde pendão de minha terra,
Que a brisa do Brasil beija e balança,
Estandarte que a luz do sol encerra
E as promessas divinas da esperança...
Tu, que da Liberdade após a guerra,
Foste hasteado dos heróis na lança,
Antes te houvessem roto na batalha,
Que servires a um povo de mortalha!...

Fatalidade atroz que a mente esmaga!
Extingue nesta hora o brigue imundo
O trilho que Colombo abriu na vaga,
Como um íris no pélago profundo!...
... Mas é infâmia demais... Da etérea plaga
Levantai-vos, heróis do Novo Mundo...
Andrada! arranca esse pendão dos ares!
Colombo! fecha a porta de teus mares!

Figura 1

Escravos, de Jean-Baptiste Debret (litografia).

O elemento reformador, influência direta de Victor Hugo, reforça o condoreirismo: a visão mais alta do mundo, a busca pela justiça e pela liberdade, essenciais ao espírito humano. A função conativa impera, há uso de verbos no imperativo e dos vocativos (numa sugestão de cumplicidade, de dialogismo). O uso de hipérboles — dos exageros metafóricos — sugere um tom de grandiosidade e imensidão. O poeta expande a percepção em expressões típicas, como espaços, vasto universo, tufões, oceano, vasto sertão, águia, condor, astros, tempestades.

O lirismo em Castro Alves assume tonalidade diferente da dos poetas da segunda geração: mais sensual, erótico, observador e sedutor, aproximando-se mais da visão realista que romântica do mal do século.

ATIVIDADES

1 (U. Amazônia-PA)

XV

[...]
És doutro agora, e pr'a sempre!
Eu a mísero desterro
Volto, chorando o meu erro,
Quase descrendo dos céus
Dói-te de mim, pois me encontras
Em tanta miséria posto,
Que a expressão deste desgosto
Será um crime ante Deus!
[...]

XVIII

Lerás porém algum dia
Meus versos, d'alma arrancados,
D'amargo pranto banhados,
Com sangue escritos; — e então
Confio que te comovas,
Que a minha dor te apiade,
Que chores, não de saudade,
Nem de amor, — de compaixão.

Gonçalves Dias

Nessas estrofes do poema "Ainda uma vez, adeus", de Gonçalves Dias, o eu lírico:

a) insatisfeito, evade-se da realidade por meio da morte.
b) transfere à poesia o que ele próprio não conseguira: a missão de comover a amada.
c) rompe com o platonismo contemplativo e seduz a amada.
d) resigna-se diante da impossibilidade de viver com a amada.

2 (Unicamp-SP) Casimiro de Abreu é um poeta romântico e Cacaso é um poeta contemporâneo. "E com vocês a modernidade", de Cacaso, remete-nos ao poema "Meus oito anos", de Casimiro de Abreu. Leia, com atenção, os dois textos abaixo transcritos e, aproximando seus elementos comuns e distinguindo os elementos divergentes, explique como o poema contemporâneo dialoga com a tradição romântica.

> Oh! que saudades que tenho
> Da aurora da minha vida,
> Da minha infância querida,
> Que os anos não trazem mais!
> Que amor, que sonhos, que flores,
> Naquelas tardes fagueiras
> À sombra das bananeiras
> Debaixo dos laranjais!
>
> Casimiro de Abreu. "Meus oito anos."

> Meu verso é profundamente romântico.
> Choram cavaquinhos luares se derramam
> [e vai
> Por aí a longa sombra de rumores e
> [ciganos.
> Ai que saudade que tenho de meus
> [negros verdes anos!
>
> Cacaso. "E com vocês a modernidade".

3 Leia esta estrofe, retirada de *Primaveras*, de Casimiro de Abreu.

> Quando Dirceu e Marília
> Em terníssimos eneleios
> Se beijavam com ternura
> Em celestes devaneios;
> Da selva o vate inspirado,
> O sabiá namorado,
> Na laranjeira pousado
> Soltava ternos gorjeios.

a) Casimiro de Abreu faz referência a um poeta brasileiro, de um período anterior ao Romantismo. De que poeta se trata? A que escola ele pertence? Qual é a sua obra-prima?

b) Apesar de Casimiro de Abreu homenagear o poeta e sua amada, o trecho recebe uma forte influência de um terceiro poeta. De que poeta se trata?

4 (U. F. Juiz de Fora-MG) As estrofes apresentadas a seguir foram retiradas do poema "Vozes d'África", de Castro Alves, que é um dos textos em que o poeta expressa sua indignação diante da escravidão.

Vozes d'África

> Deus! ó Deus, onde estás que não
> [respondes?
> Em que mundo, em qu'estrela tu t'escondes,
> Embuçado nos céus?
>
> Há dois mil anos te mandei meu grito,
> Que embalde, desde então, corre o
> [infinito...
> Onde estás, Senhor Deus?...
> [...]
> Mas eu, Senhor!... Eu triste, abandonada,
> Em meio das areias esgarrada,
> Perdida marcho em vão!
>
> Se choro... bebe o pranto a areia ardente;
> Talvez... pra que meu pranto, ó Deus
> [clemente!
> Não descubras no chão!...
> [...]

a) Cite e explique a figura de linguagem pela qual o poeta estrutura esse fragmento do poema.

b) Identifique os elementos que representam, figuradamente, o abandono e o desespero advindos da escravidão.

EXERCÍCIOS COMPLEMENTARES

1 Dividimos a poesia romântica brasileira em três gerações, cada qual com o seu principal representante. Sobre isso, dê o nome e o tema de cada uma das gerações e o respectivo poeta.

2 (U. F. Santa Maria-RS) Leia o soneto a seguir:

Pálida, à luz da lâmpada sombria,
Sobre o leito de flores reclinada,
Como a lua por noite embalsamada,
Entre as nuvens do amor ela dormia!

Era a virgem do mar! na escuma fria
Pela maré das águas embalada!
Era um anjo entre nuvens d'alvorada
Que em sonhos se banhava e se esquecia!

Era mais bela! O seio palpitando...
Negros olhos as pálpebras abrindo...
Formas nuas no leito resvalando...

Não te rias de mim, meu anjo lindo!
Por ti — as noites eu velei chorando,
Por ti — nos sonhos morrerei sorrindo!

Álvares de Azevedo

Considere as seguintes afirmativas a respeito do soneto:

I. O fato de que, no poema, afetividade e natureza se relacionam situa-o claramente como produção barroca.

II. As palavras "virgem" (v. 5) e "anjo" (v. 7 e v. 12) indicam que a mulher observada se caracteriza pela pureza.

III. A alusão à morte, encontrada no verso 14, é um traço frequente na produção poética de Álvares de Azevedo.

Está(ão) correta(s):

a) I
b) III
c) I e III
d) II e III
e) I, II e III

3 (PUC-SP)

Oh! ter vinte anos sem gozar de leve
A ventura de uma alma de donzela!
E sem na vida ter sentido nunca
Na suave atração de um róseo corpo
Meus olhos turvos se fechar de gozo!
Oh! nos meus sonhos, pelas noites minhas
Passam tantas visões sobre meu peito!
Palor de febre meu semblante cobre,
Bate meu coração com tanto fogo!
Um doce nome os lábios meus suspiram,
Um nome de mulher... e vejo lânguida
No véu suave de amorosas sombras
Seminua, abatida, a mão no seio,
Perfumada visão romper a nuvem,
Sentar-se junto a mim, nas minhas
                     [pálpebras
O alento fresco e leve como a vida
Passar delicioso... Que delírios!
Acordo palpitante... inda a procuro;
Embalde a chamo, embalde as minhas
                     [lágrimas
Banham meus olhos, e suspiro e gemo...
Imploro uma ilusão... tudo é silêncio!
Só o leito deserto, a sala muda!
Amorosa visão, mulher dos sonhos,
Eu sou tão infeliz, eu sofro tanto!
Nunca virás iluminar meu peito
Com um raio de luz desses teus olhos?

Os versos citados integram a obra *Lira dos vinte anos*, de Álvares de Azevedo. Da leitura deles, podemos depreender que o poema:

a) ilustra a dificuldade de conciliar a ideia de amor com a de posse física.
b) manifesta o desejo de amar e a realização amorosa se dá concretamente em imagens de sonho.
c) concilia sonho e realidade e ambos se alimentam da presença sensual da mulher amada.
d) espiritualiza a mulher e a apresenta em recatado pudor sob "véu suave de amorosas sombras".
e) revela sentimento de frustração, provocado pelo medo de amar e pela recusa doentia e deliberada à entrega amorosa.

4 (UFGO) Leia o fragmento poético a seguir:

Lembrança de morrer

[...]

De meu pai... de meus únicos amigos,
Poucos, — bem poucos — e que não
                     [zombavam
Quando, em noites de febre endoidecido,
Minhas pálidas crenças duvidavam.

[...]

Descansem o meu leito solitário
Na floresta dos homens esquecida,
À sombra de uma cruz, e escrevam nela:
— Foi poeta — sonhou — e amou na vida.

CANDIDO, Antonio. *Melhores poemas de Álvares de Azevedo*. 5. ed. São Paulo: Global, 2002.

O significado do título "Lembrança de morrer" e a própria construção textual revelam o caráter diferenciador da poesia ultrarromântica de Álvares de Azevedo, que se expressa nesses versos pela:

a) idealização amorosa.
b) tensão reflexivo-crítica.
c) veia humorístico-satânica.
d) manifestação erótico-sensual.
e) celebração do amor demoníaco.

5 (Unifesp) O estilo dos versos de Casimiro de Abreu:

a) é brando e gracioso, carregado de musicalidade nas redondilhas maiores.
b) traduz-se em linguagem grandiosa, por meio das quais estabelece a crítica social.

c) é preciso e objetivo, deixando em segundo plano o subjetivismo.
d) reproduz o padrão romântico da morbidez e da melancolia.
e) é rebuscado e altamente subjetivo, o que o aproxima do estilo de Castro Alves.

6 (UFRS)

Boa noite

Boa noite, Maria! Eu vou-me embora.
A lua nas janelas bate em cheio.
Boa noite, Maria! É tarde... é tarde...
Não me apertes assim contra teu seio.

Boa noite!... E tu dizes — Boa noite.
Mas não digas assim por entre beijos...
Mas não mo digas descobrindo o peito,
— Mar de amor onde vagam meus desejos.
[...]
Julieta do céu! Ouve... a calhandra
Já rumoreja o canto da matina.
Tu dizes que eu menti?... Pois foi mentira...
... Quem cantou foi teu hálito, divina!
[...]

Castro Alves

Em "Boa noite", Castro Alves:
a) apresenta uma cena de amor interrompida pelo canto de um pássaro que anuncia o surgimento de uma terceira pessoa na sala.
b) despede-se da amada, que retribui o adeus, demonstrando em sua atitude a vontade de que o amante permaneça.
c) despede-se da amada, alegando que o luar, ao bater nas janelas, há de denunciá-los aos demais moradores da casa.
d) apresenta uma cena em que o amante amedrontado avalia depreciativamente os dotes físicos da amada.
e) despede-se da amada, que se encontra no leito, desnuda e temerosa de que eles sejam surpreendidos.

A prosa romântica brasileira

1. O Romantismo na prosa

Os folhetins foram indispensáveis para a ampla difusão da prosa romântica brasileira. Publicados em capítulos nos jornais, exerciam grande fascínio sobre os leitores, ávidos por conhecer as soluções das tramas apresentadas.

O romance romântico brasileiro expôs todas as vertentes da cultura da época: foi urbano, regionalista, histórico, indianista e até crítico da sociedade burguesa.

2. Principais autores

JOAQUIM MANUEL DE MACEDO

Joaquim Manuel de Macedo foi o mais popular dentre os escritores da prosa romântica brasileira, e a razão dessa popularidade estava na fácil identificação da sociedade da época com seus romances. O modelo era invariavelmente o mesmo: o herói escondia um segredo só revelado no final do romance; os desencontros amorosos eram solucionados de forma surpreendente. Em 1844, publica *A Moreninha*.

JOSÉ DE ALENCAR

José Martiniano de Alencar, com um espírito inquieto e crítico, foi um dos mais fecundos autores da literatura brasileira. Escreveu: **romances indianistas** (*O guarani, Iracema, Ubirajara*); **romances históricos** (*As minas de prata, A Guerra dos Mascates*); **romances regionalistas** (*O gaúcho, Til, O sertanejo, O tronco do ipê*); **romances urbanos** (*Cinco minutos, A viuvinha, Lucíola, Diva, A pata da gazela, Senhora, Encarnação, Sonhos d'ouro*).

José de Alencar foi nacionalista, indianista, regionalista e historiógrafo, sem deixar de retratar a paisagem urbana e os costumes da corte. Exaltou a diversidade regional do Brasil. Inventou histórias heroicas; deu ao índio um ar de nobreza e superioridade por meio de uma roupagem heroica e cavalheiresca; transformou o exotismo em bravura; fez questão de assinalar as diferenças entre a língua "brasileira" e a portuguesa.

IRACEMA

Publicada em 1865, a obra *Iracema* — ou *A lenda do Ceará*, como classificava o próprio autor — representa um dos mais belos textos da prosa poética brasileira. Conta a fundação do Ceará, a partir da história de Martim Soares Moreno, homem branco que é ferido pela flecha de Iracema (anagrama da palavra *América*), índia tabajara.

Iracema cuida do ferimento de Martim, desagradando aos tabajaras, principalmente Irapuã, guerreiro apaixonado por ela. Martim vê-se dividido entre a saudade de Portugal e a atração que sente por Iracema.

Martim e Iracema acabam se envolvendo, o que afronta o voto de castidade feito pela moça, que abandona sua tribo para viver com o amado. Dessa união nasce Moacir, "o filho da dor". Cumprindo a profecia de seu pai, Araquém, Iracema morre nos braços de Martim, que enterra a esposa e parte com o filho para a Europa.

SENHORA

Senhora (1875) pode ser considerada uma das obras-primas da literatura brasileira. O romance trata do tema do casamento burguês, ou seja, do casamento que se baseia no interesse econômico, o que faz a obra ser considerada precursora do Realismo. José de Alencar classifica o romance dentro de seus "perfis de mulher".

MANUEL ANTÔNIO DE ALMEIDA

Memórias de um sargento de milícias foi a única grande obra de Manuel Antônio de Almeida. Publicada como folhetim, foi assinada com o pseudônimo de "Um brasileiro". O romance conta a história de Leonardinho, espécie de "malandro" ou pícaro carioca do começo do século XIX. Como anti-herói, reúne em si não as qualidades de um típico protagonista romântico, mas de um indivíduo ocioso, malandro, vingativo e irresponsável, que prefere aproveitar-se da boa sorte para levar a vida bem no "jeitinho brasileiro". Enfim, um indivíduo que traduz a tendência cômica por meio de suas trapalhadas.

A obra é singular, porque foge aos padrões estéticos tradicionais do Romantismo que ainda dominavam a literatura brasileira. Em lugar de focalizar a sociedade burguesa, como era comum nos romances urbanos, caracteriza a sociedade mais humilde do Rio de Janeiro das primeiras décadas do século XIX. O tempo da narrativa é cronológico e mostra o período de governo de d. João VI. Em lugar do romance de cenário, típico do Romantismo, Manuel cria um romance de costumes com tendência à novela picaresca, utiliza um enredo fragmentado, o que antecipa os romances digressivos que seriam comuns a partir do Realismo. Suas personagens são mais realistas do que idealizadas. Outro aspecto relevante é a ausência de final feliz tradicional, o que aproxima o texto da definição de obra aberta, uma vez que o final fica no ar ao reunir uma sucessão de fatos alegres e tristes e sugerir que outros poderiam ocorrer.

BERNARDO GUIMARÃES

Bernardo Guimarães nasceu em Ouro Preto (MG), em 1825. Foi juiz de direito em Goiás e depois em Minas Gerais. Boêmio e divertido, gostava de música e tocava violão. Faleceu em 1884. Suas principais obras foram *A escrava Isaura*, *O garimpeiro* e *O seminarista*.

ATIVIDADES

1 Sobre *Iracema*, de José de Alencar, assinale a alternativa incorreta:
   a) Tem como tema central a lenda da colonização do Ceará.
   b) Martim, Iracema e Moacir podem ser considerados personagens alegóricos, já que representam o velho mundo, o mundo selvagem e o novo mundo, respectivamente.
   c) Devido à sua linguagem repleta de metáforas e símiles, já foi considerada poema em prosa.
   d) Ao lado de *O Guarani* e *Ubirajara* forma a tríade indianista do autor.
   e) *Iracema* foi totalmente concebida sem nenhuma referência histórica, sendo, essencialmente, indianista.

2 Não pertence aos grupos dos romances regionalistas de José de Alencar:
   a) *O tronco do ipê*
   b) *O gaúcho*
   c) *O sertanejo*
   d) *As minas de prata*
   e) *Til*

3 (PUC-SP, adaptada) "Verdes mares bravios de minha terra natal, onde canta a jandaia nas frondes da carnaúba;

Verdes mares que brilhais como líquida esmeralda aos raios do sol nascente, perlongando as alvas praias ensombradas de coqueiros; / Serenai, verdes mares, e alisai docemente a vaga impetuosa para que o barco aventureiro manso resvale à flor das águas."

Esse trecho é o início do romance *Iracema*, de José de Alencar. Dele é possível afirmar que:

a) Iracema é uma lenda criada por Alencar para explicar poeticamente as origens das raças indígenas da América.

b) as personagens Iracema, Martim e Moacir participam da luta fratricida entre os tabajaras e os pitiguaras.

c) o romance, elaborado com recursos de linguagem figurada, é considerado o exemplar mais perfeito da prosa poética na ficção romântica brasileira.

d) o nome da personagem-título é anagrama de América, e essa relação caracteriza a obra como um romance histórico.

e) a palavra *Iracema* é o resultado da aglutinação de duas outras da língua guarani e significa "lábios de fel".

4 (Fuvest-SP)

Era este um homem todo em proporções infinitesimais, baixinho, magrinho, de carinha estreita e chupada, e excessivamente calvo; usava óculos, tinha pretensões de latinista, e dava bolos nos discípulos por dá cá aquela palha. Por isso era um dos mais acreditados da cidade. O barbeiro entrou acompanhado pelo afilhado, que ficou um pouco escabriado à vista do aspecto da escola, que nunca tinha imaginado.

Manuel A. de Almeida.
Memórias de um sargento de milícias.

Observando-se, nesse trecho, os elementos descritivos, o vocabulário e, especialmente, a lógica da exposição, verifica-se que a posição do narrador frente aos fatos narrados caracteriza-se pela atitude:

a) crítica, em que os costumes são analisados e submetidos a julgamento.

b) lírico-satírica, apontando para um juízo moral pressuposto.

c) cômico-irônica, com abstenção de juízo moral definitivo.

d) analítica, em que o narrador onisciente prioriza seu afastamento do narrado.

e) imitativa ou de identificação, que suprime a distância entre o narrador e o narrado.

EXERCÍCIOS COMPLEMENTARES

1 (IME-RJ) Na visão romântica de José de Alencar, o índio é:

a) descrito como um ser preguiçoso, que passa o tempo sentado à porta da cabana.

b) um defensor árduo dos animais que são por ele atraídos.

c) idealizado para assumir características europeias.

d) exterminado para que os cristãos povoem as nossas terras.

e) nenhuma das repostas anteriores.

2 (PUC-SP) Considere os dois fragmentos extraídos de *Iracema*, de José de Alencar.

I. Onde vai a afoita jangada, que deixa rápida a costa cearense, aberta ao fresco terral a grande vela? Onde vai como branca alcíone buscando o rochedo pátrio nas solidões do oceano? Três entes respiram sobre o frágil lenho que vai singrando veloce, mar em fora. Um jovem guerreiro cuja tez branca não cora o sangue americano; uma criança e um rafeiro que viram a luz no berço das florestas, e brincam irmãos, filhos ambos da mesma terra selvagem.

II. O cajueiro floresceu quatro vezes depois que Martim partiu das praias do Ceará, levando no frágil barco o filho e o cão fiel. A jandaia não quis deixar a terra onde repousava sua amiga e senhora. O primeiro cearense, ainda no berço, emigrava da terra da pátria. Havia aí a predestinação de uma raça?

Ambos apresentam índices do que poderia ter acontecido no enredo do romance, já que constituem o começo e o fim da narrativa de Alencar. Desse modo, é possível presumir que o enredo apresenta:

a) o relacionamento amoroso de Iracema e Martim, a índia e o branco, de cuja união nasceu Moacir, e que alegoriza o processo de conquista e colonização do Brasil.

b) as guerras entre as tribos tabajara e pitiguara pela conquista e preservação do território brasileiro contra o invasor estrangeiro.

c) o rapto de Iracema pelo branco português Martim como forma de enfraquecer os adversários e levar a um pacto entre o branco colonizador e o selvagem dono da terra.

d) a vingança de Martim, desbaratando o povo de Iracema, por ter sido flechado pela índia dos lábios de mel em plena floresta e ter-se tornado prisioneiro de sua tribo.

e) a morte de Iracema, após o nascimento de Moacir, e seu sepultamento junto a uma carnaúba, na fronde da qual canta ainda a jandaia.

3 (U. E. Londrina-PR) Examine as proposições a seguir e assinale a afirmativa incorreta.

a) A relevância da obra de José de Alencar no contexto romântico decorre, em grande parte, da idealização dos elementos considerados como genuinamente brasileiros, notadamente a natureza e o índio. Essa atitude impulsionou o nacionalismo nascente, por ser uma forma de reação política, social e literária contra Portugal.

b) Ao lado de *O guarani* e *Ubirajara*, *Iracema* representa um mito de fundação do Brasil. Nessas obras, a descrição da natureza brasileira possui numerosas funções, com destaque para a "cor local", isto é, o elemento particular que o escritor imprimia à literatura, acreditando contribuir para a sua nacionalização.

c) Embora tendo sido escrito no período romântico, *Iracema* apresenta traços da ficção naturalista tanto na criação das personagens quanto na tematização dos problemas do país.

d) A leitura de *Iracema* revela a importância do índio na literatura romântica. Entretanto, sabe-se que a presença do índio não se restringiu a esse contexto literário, tendo desembocado inclusive no Modernismo, por intermédio de escritores como Mário de Andrade e Oswald de Andrade.

e) O contraponto poético da prosa indianista de Alencar é constituído pela lírica de Gonçalves Dias. Indiscutivelmente, em "O canto do guerreiro" e em "O canto do piaga", dentre outros poemas, o índio é apresentado de maneira idealizada, numa perpetuação da imagem heroica e sublime adequada aos ideais românticos.

4 (UFAL) Sobre o romance *Senhora*, de José de Alencar, julgue (V ou F) as proposições a seguir:

I. Fernando Seixas e Aurélia constituem o par romântico central, cuja relação é basicamente tensionada pelo ciúme.

II. Em pleno império, os protagonistas do romance vivem um conflito tipicamente burguês: amor *versus* interesse.

III. Os títulos das partes desse romance prendem-se mais ao mundo das finanças que ao desenvolvimento de uma paixão.

VI. Nessa obra, o autor busca retratar a sociedade urbana de seu tempo, o que implica alguns traços de cunho realista.

V. Se no início do romance havia certa equivalência nas posições sociais dos protagonistas, no desenvolver dele esse equilíbrio é rompido.

5 (Fuvest-SP) Sobre o romance indianista de José de Alencar, pode-se afirmar que:

a) analisa as reações psicológicas da personagem como um efeito das influências sociais.

b) é um composto resultante de formas originais do conto.

c) dá forma ao herói, amalgamando-o à vida da natureza.

d) representa contestação política ao domínio português.

e) mantém-se preso aos modelos legados pelos clássicos.

6 (PUC-SP) *Iracema* constitui com *O Guarani* e *Ubirajara* a trilogia dos romances indianistas de José de Alencar. Na poesia, Gonçalves Dias também exaltou o índio em textos como *I-Juca Pirama*, *Leito de folhas verdes*, *Marabá*, *O canto do piaga*, além do poema épico "Os Timbiras". Pergunta-se: o que representou o indianismo na literatura romântica brasileira?

_____
_____
_____
_____
_____
_____
_____
_____
_____
_____

Realismo

1. O "novo século das luzes"

Na segunda metade do século XIX, como efeito da Revolução Industrial, a velha nobreza e o clero começam a sofrer abalos estruturais que mudariam o curso da história e, por conseguinte, da arte. Alguns autores chamavam esse período de o "novo século das luzes", uma vez que o pensamento científico-filosófico provocou uma mudança radical no comportamento da sociedade e nos rumos das próximas gerações.

Para entender melhor, é preciso conhecer um pouco alguns "ismos":

- **Evolucionismo**. O cientista inglês Charles Darwin acreditava que os seres mais bem adaptados às condições do ambiente poderiam evoluir para formas cada vez mais complexas.
- **Positivismo**. Augusto Comte afirmava que a humanidade evoluiu em três estágios: **teológico**, **metafísico** e **positivista**. O teológico associava-se à religião. O estágio metafísico está associado ao abstracionismo. Somente no positivismo o homem encontraria respostas e ordenação à sua conduta, pois as leis científicas governam o mundo.
- **Socialismo**. Conjunto de doutrinas políticas que propunham uma mudança da organização político-social, buscando o interesse geral, contra os interesses de classes privilegiadas.
- **Determinismo**. Princípio filosófico que procura negar a ideia do livre-arbítrio e afirmar que os seres estão sujeitos ao meio, à raça e ao momento. O principal nome do determinismo é Hippolyte Taine.
- **Pessimismo**. Arthur Schopenhauer aponta para a impossibilidade de mudança da realidade, sempre adversa.

Nesse contexto, o sonho, a fantasia e a exaltação românticos foram substituídos pelo conhecimento. As crises do coração eram trocadas pela análise do comportamento; a idealização cedia espaço à realidade; havia uma busca frenética pela causa, amparada em conceitos científicos e sociais. A objetividade e a exatidão assumiam um papel preponderante.

Na literatura, uma corrente expunha o homem em seu viés psicológico (**corrente realista**); outra descrevia o homem sob o caráter biológico e determinista (**corrente naturalista**).

2. Realismo em Portugal

O Realismo português representou um dos mais férteis movimentos da literatura portuguesa. A qualidade das obras superou a dos demais momentos, evidenciada pela prosa de Eça de Queirós e pela poesia de Antero de Quental, Cesário Verde e Guerra Junqueiro.

ANTERO DE QUENTAL

Foi Antero de Quental quem desencadeou a Questão Coimbrã, tendo participado ativamente das Conferências do Cassino Lisbonense em 1865, marco inaugural do Realismo português.

Sua obra afrontava o catolicismo e o tradicionalismo. Em seus versos, notam-se o ímpeto reformador e o pendor entusiasmado pelas causas sociais. Traduzia também a busca pelo sentido interior, uma razão para a existência.

A dúvida entre o materialismo dialético do socialismo e a fé religiosa recebida na infância separou sua poesia. Assim, pode-se falar em dois Anteros: um que exalta o progresso, o socialismo e a razão e outro que faz uma poesia sombria, melancólica e pessimista.

Hino à razão

Razão, irmã do Amor e da Justiça,
Mais uma vez escuta a minha prece.
É a voz dum coração que te apetece,
Duma alma livre, só a ti submissa.

Por ti é que a poeira movediça
De astros, sóis e mundos permanece;
E é por ti que a virtude prevalece,
E a flor do heroísmo medra e viça.

[...]

Antero de Quental

GUERRA JUNQUEIRO

Guerra Junqueiro aderiu ao Realismo depois de ter publicado sua primeira obra, *A morte de d. João*, ainda sob o domínio da estética romântica. Seus primeiros momentos realistas não representam grande impacto, pois ainda não possuem a força de sua principal característica: o apelo ao místico e à simplicidade, numa crise entre religiosidade e razão (*A velhice do padre eterno*).

A bênção da locomotiva

A obra está completa. A máquina flameja,
Desenrolando o fumo em ondas pelo ar.
Mas, antes de partir, mandem chamar a
[Igreja,
Que é preciso que um bispo a venha
[batizar.

Como ela é com certeza o fruto de Caim,
A filha da razão, da independência
[humana,
Botem-lhe na fornalha uns trechos em
[latim,
E convertam-na à fé católica romana.

Devem nela existir diabólicos pecados,
Porque é feita de cobre e ferro; e estes
[metais
Saem da natureza, ímpios, excomungados,
Como saímos nós dos ventres maternais!
[...]

Guerra Junqueiro

CESÁRIO VERDE

A poesia de Cesário Verde pode ser analisada como estética de transição entre o Realismo e o Parnasianismo. Seus versos valorizam o elemento pictórico, o descritivismo acentuado tanto do cenário quanto das personagens, trazendo sempre um retrato da realidade social de Lisboa.

O confronto entre a burguesia e o proletariado é um traço marcante em seus poemas de cunho social, mas com forte apelo irônico e humorístico.

O sentimento de um ocidental

I
Ave-marias

Nas nossas ruas, ao anoitecer,
Há tal soturnidade, há tal melancolia,
Que as sombras, o bulício, o Tejo, a
[maresia
Despertam-me um desejo absurdo de sofrer.

[...]

Batem os carros de aluguer, ao fundo,
Levando à via férrea os que se vão. Felizes!
Ocorrem-me em revista, exposições, países:
Madrid, Paris, Berlim, S. Petersburgo, o
[mundo!

[...]
Vêm sacudindo as ancas opulentas!
Seus troncos varonis recordam-me pilastras;
E algumas, à cabeça, embalam nas
[canastras
Os filhos que depois naufragam nas
[tormentas.

Descalças! Nas descargas de carvão,
Desde manhã à noite, a bordo das fragatas;
E apinham-se num bairro aonde miam
[gatas,
E o peixe podre gera os focos de infecção!

Cesário Verde

EÇA DE QUEIRÓS

A obra de Eça de Queirós tem o povo português, principalmente a burguesia, como alvo de análise e crítica. Pode ser dividida em três fases:
- **Primeira fase (romântica)**: *O mistério da estrada de Sintra, Prosas bárbaras*.
- **Segunda fase (realista-naturalista)**: *O crime do padre Amaro, O primo Basílio, O mandarim, A relíquia* e *Os Maias*.
- **Terceira fase (realista-fantasiosa)**: *A ilustre casa de Ramires, A correspondência de Fradique Mendes, A cidade e as serras, A capital, O conde d'Abranhos*.

3. Machado de Assis e o Realismo no Brasil

Em 1881, com a publicação de *Memórias póstumas de Brás Cubas*, de Machado de Assis, e de *O mulato*, de Aluísio Azevedo, o Realismo e o Naturalismo, respectivamente, aparecem no cenário da literatura brasileira.

MACHADO DE ASSIS

Joaquim Maria Machado de Assis (1839-1908) nasceu e morreu no Rio de Janeiro.

Figura 1

Machado de Assis, "o bruxo do Cosme Velho".

Sua obra pode ser dividida em duas fases:
- **Fase romântica** ou de **amadurecimento**: fase transitória que foge aos padrões típicos do período, porque em seus romances e contos não há o sentimentalismo exagerado e as personagens não são lineares.
- **Fase realista** ou da **maturidade**: período em que se nota a influência dos realistas Flaubert e Proudhon e de autores como Sterne, Swift e Xavier de Maistre, por exemplo.

As obras da segunda fase procuram utilizar recursos como o leitor incluso, ou seja, a preocupação em estabelecer um diálogo com o leitor e a reflexão sobre a própria obra (metalinguagem).

A crítica aos valores sociais, principalmente à hipocrisia da sociedade, é colocada de forma irônica e humorística em *Memórias póstumas de Brás Cubas*, por meio do defunto-autor que analisa o vazio da sua existência. Em *Dom Casmurro*, a desilusão resulta da suspeita do adultério e do ciúme doentio de Bentinho. A dúvida é o mal que corrói a alma do protagonista e mantém a ambiguidade em todo o romance.

Sua principal produção literária:
- **Romances**: *Ressurreição, A mão e a luva, Helena, Iaiá Garcia, Memórias póstumas de Brás Cubas, Quincas Borba, Dom Casmurro, Esaú e Jacó* e *Memorial de Aires*.

- **Contos**: *Contos fluminenses, Histórias da meia-noite, Papéis avulsos, Histórias sem data, Várias histórias, Páginas recolhidas* e *Relíquias da casa velha*.

ATIVIDADES

1 Uma das características seguintes não pertence ao Realismo:
a) Personagens reais, tirados do cotidiano.
b) Preocupação formal.
c) Volta ao passado.
d) Crítica à burguesia.
e) Objetivismo.

2 Sobre Eça de Queirós, maior representante da prosa realista em Portugal, assinale a alternativa incorreta:
a) Participou, ao lado de Antero de Quental, da polêmica Questão Coimbrã, defendendo os ideais realistas e atacando os ideais românticos.
b) Em sua primeira fase, nota-se uma visível imaturidade, consequência de sua ainda incipiente literatura. Dela, resultou a obra *Prosas bárbaras*.
c) Com a obra *O crime do padre Amaro* engaja-se no Naturalismo. A ela, juntam-se outras obras como *O primo Basílio* e *Os Maias*.
d) No Brasil, o autor que mais se identificou com Eça de Queirós foi Aluísio Azevedo, autor de *O mulato, O cortiço* e *Casa de pensão*.
e) Em sua última fase, surgem obras decorrentes de sua consciência nacional, tais como *A cidade e as serras* e *A ilustre casa de Ramires*.

3 (Fazu-MG) Leia o texto a seguir para responder à questão.

Capítulo XV – Marcela

Gastei trinta dias para ir do Rocio Grande ao coração de Marcela, não já cavalgando o corcel do cego desejo, mas o asno da paciência, a um tempo manhoso e teimoso. Que, em verdade, há dous meios de granjear a vontade das mulheres: o violento, como o touro de Europa, e o insinuativo, como o cisne de Leda e a chuva de ouro de Dânae, três inventos do padre Zeus, que, por estarem fora de moda, aí ficam trocados no cavalo e no asno. Não direi as traças que urdi, nem as peitas, nem as alternativas de confiança e temor, nem as esperas baldadas, nem nenhuma outra dessas cousas preliminares.

Afirmo-lhes que o asno foi digno do corcel — um asno de Sancho, deveras filósofo, que me levou à casa dela, no fim do citado período; apeei-me, bati-lhe na anca e mandei-o pastar.

Primeira comoção da minha juventude, que doce que me foste! Tal devia ser, na criação bíblica, o efeito do primeiro sol. Imagina tu esse efeito do primeiro sol, a bater de chapa na face de um mundo em flor. Pois foi a mesma cousa, leitor amigo, e se alguma vez contaste dezoito anos, deves lembrar-te que foi assim mesmo.

Teve duas fases a nossa paixão, ou ligação, ou qualquer outro nome, que eu de nomes não curo; teve a fase consular e a fase imperial. Na primeira, que foi curta, regemos o Xavier e eu, sem que ele jamais acreditasse dividir comigo o governo de Roma; mas quando a credulidade não pôde resistir à evidência, o Xavier depôs as insígnias, e eu concentrei todos os poderes na minha mão; foi a fase cesariana. Era meu o universo; mas, ai triste! não o era de graça. Foi-me preciso coligir dinheiro, multiplicá-lo, inventá-lo.

Machado de Assis. *Memórias póstumas de Brás Cubas*.

Em relação ao romance de Machado de Assis, *Memórias póstumas de Brás Cubas*, é correto afirmar:
a) A característica mais acentuada do romance reside na fuga insistente da realidade.
b) A obra não apresenta especificamente traços que a definam como um texto realista.
c) O texto apresenta otimismo no que se refere às relações humanas.

d) O narrador apresenta ao leitor os indícios necessários para que sejam visualizadas a história pregressa de alguém que está morto e a própria tragédia do homem diante de si mesmo.

e) O narrador não se refere em nenhum momento ao leitor.

4 (UEAL) Leia o texto a seguir.

Capítulo CXXIII / Olhos de ressaca

Enfim, chegou a hora da encomendação e da partida. Sancha quis despedir-se do marido, e o desespero daquele lance consternou a todos. Muitos homens choravam também, as mulheres todas. Só Capitu, amparando a viúva, parecia vencer-se a si mesma. Consolava a outra, queria arrancá-la dali. A confusão era geral. No meio dela, Capitu olhou alguns instantes para o cadáver tão fixa, tão apaixonadamente fixa, que não admira-lhe saltassem algumas poucas lágrimas e caladas...

As minhas cessaram logo. Fiquei a ver as dela; Capitu enxugou-as depressa, olhando a furto para a gente que estava na sala. Redobrou de carícias para a amiga, e quis levá-la, mas o cadáver parece que a retinha também. Momentos houve em que os olhos de Capitu fitaram o defunto, quais os da viúva, sem o pranto nem palavras desta, mas grandes e abertos, como a vaga do mar lá fora, como se quisesse tragar também o nadador da manhã.

Sobre o texto e sobre *Dom Casmurro*, julgue (V ou F) as seguintes afirmações:

( ) O capítulo CXXIII é de capital importância para o romance em questão, pois relata o momento em que, para Bento Santiago, Capitu deixou claros indícios de que o traía com Escobar.

( ) "Só Capitu, amparando a viúva, parece vencer-se a si mesma." Esse trecho indica que Capitu, ao contrário dos outros que estavam no velório, não sentia tristeza.

( ) "Capitu enxugou-as depressa, olhando a furto para a gente que estava na sala." Ao se referir ao gesto furtivo de Capitu para enxugar as lágrimas, o narrador chama a atenção para a timidez e o recato da esposa, característica indicada em outros momentos do romance.

EXERCÍCIOS COMPLEMENTARES

1 (Fuvest-SP) Como se sabe, Eça de Queirós concebeu o livro *O primo Basílio* como um romance de crítica da sociedade portuguesa, cujas "falsas bases" ele considerava um "dever atacar". A crítica que ele aí dirige a essa sociedade incide mais diretamente sobre:

a) o plano da economia, cuja estagnação estava na base da desordem social.

b) os problemas de ordem cultural, como os que se verificavam na educação e na literatura.

c) a excessiva dependência de Portugal em relação às colônias, responsável pelo parasitismo da burguesia metropolitana.

d) a extrema sofisticação da burguesia de Lisboa, cujo luxo e requinte conduziam à decadência dos costumes.

2 (Fuvest-SP)

A marquesa de Alegros ficara viúva aos quarenta e três anos, e passava a maior parte do ano retirada na sua quinta de Carcavelos. [...] As suas duas filhas, educadas no receio do Céu e nas preocupações da Moda, eram beatas e faziam o chique, falando com igual fervor da humildade cristã e do último figurino de Bruxelas. Um jornalista de então dissera delas:

— Pensam todos os dias no toalete com que hão de entrar no Paraíso.

Eça de Queirós. *O crime do padre Amaro*.

Paralelismo sintático e oposição semântica são recursos na caracterização das filhas da marquesa de Alegros.

a) Transcreva do texto os segmentos em que isso ocorre.

_____
_____
_____
_____
_____
_____

b) Identifique os efeitos de sentido que discorrem do emprego de tais recursos.

_____
_____
_____
_____
_____

3 (Unicamp-SP) No final de *O crime do padre Amaro*, o cônego Dias e Amaro reencontram-se em Lisboa, juntando-se a eles o conde de Ribamar. Ao referir-se ao ambiente daquela cidade (e, consequentemente, de Portugal) naquele momento, o conde diz: "— Que paz, que animação, que prosperidade!" A essa observação, o narrador acrescenta uma descrição das ruas modorrentas de Lisboa, que pode ser resumida no seguinte trecho: "... pelos bancos de praça gente estirava-se num torpor de vadiagem; um carro de bois, aos solavancos sobre as suas altas rodas, era como o símbolo de agriculturas atrasadas de séculos". A contraposição das duas passagens citadas produz um efeito irônico. Explique.

_____
_____
_____
_____
_____
_____
_____
_____
_____

4 (UFES) Quincas Borba, criador da filosofia do humanitismo, resumia o princípio do "humanitas" em um lema: "Ao vencedor, as batatas". Ao término da leitura do livro de Machado de Assis, pode-se afirmar que esse lema está intimamente associado ao desenvolvimento e ao desfecho do enredo. Emblematicamente, a narrativa *Quincas Borba* demonstra esse princípio filosófico ao colocar as personagens em confronto permanente no espaço social, procurando sempre uma pilhagem da outra. Com base nesse contexto, é incorreto dizer que:

a) o narrador é onisciente, expondo todas as personagens ao dissecamento moral.
b) o narrador, em primeira pessoa, isenta-se de comentar os fatos da narrativa.
c) o tema do humanitismo pode ser resumido em "o homem é o lobo do homem".
d) Palha e Sofia são personagens que encarnam a ética da tribo vencedora do "humanitas".
e) Quincas Borba, cão, é uma personagem que leva a fidelidade às últimas consequências.

5 (U. Metodista-SP) Assinale a alternativa correta:

a) A prosa realista, com o intuito moralizador, desmascara o casamento por interesse, tão comum no século XIX, para defender uma relação amorosa autêntica, segundo princípios filosóficos do platonismo.

b) A prosa romântica analisa mais profundamente a natureza humana, evitando a apresentação de caracteres padronizados em termos de paixões, virtudes e defeitos.

c) A prosa realista põe em cena personagens tipificados que, metamorfoseados em heróis valorosos, correspondem à expressão da consciência e valores coletivos.

d) A prosa realista, apoiando-se em teorias cientificistas do século XIX, empreende a análise de instituições burguesas, como o casamento, por exemplo, denunciando as bases frágeis dessa união.

e) A prosa romântica recria o passado histórico com o intuito de ironizar os mitos nacionais.

6 (PUC-SP)

A confusão era geral. No meio dela, Capitu olhou alguns instantes para o cadáver tão fixa, tão apaixonadamente fixa, que não admira-lhe saltassem algumas lágrimas poucas e caladas.

As minhas cessaram logo. Fiquei a ver as dela; Capitu enxugou-as depressa, olhando a furto para a gente que estava na sala. Redobrou de carícias para a amiga, e quis levá-la; mas o cadáver parece que a retinha também. Momento houve em que os olhos de Capitu fitaram o defunto, quais os da viúva, sem o pranto nem palavras desta, mas grandes e abertos, como a vaga do mar lá fora, como se quisesse tragar também o nadador da manhã.

O trecho acima, do romance *Dom Casmurro*, de Machado de Assis, autoriza o narrador a caracterizar os olhos da personagem do ponto de vista metafórico, como:

a) olhos de viúva oblíqua e dissimulada, apaixonada pelo nadador da manhã.

b) olhos de ressaca, pela força que arrasta para dentro.

c) olhos de bacante fria, pela irrecusável sensualidade e sedução que provocam.

d) olhos de primavera, pela cor que emanam e doçura que exalam.

e) olhos oceânicos, pelo fluido misterioso e enérgico que envolvem.

Naturalismo/Parnasianismo/Simbolismo

1. Naturalismo

O que difere o Naturalismo do Realismo é a abordagem temática. Enquanto os realistas buscam analisar a realidade interior, procurando investigar a intimidade psicológica das personagens de maneira sutil, com recursos expressivos, como a ironia e o sarcasmo, o Naturalismo expõe, de forma objetiva, fotográfica, as circunstâncias da realidade.

No Naturalismo, os princípios do evolucionismo, do determinismo e do socialismo estão intimamente associados, o que limita a concepção de vida do ser humano. As mazelas sociais são alvos temáticos: incesto, prostituição, imoralidade, miséria, promiscuidade, entre outros, são os assuntos preferidos. O homem é visto como um ser passivo, resultante das leis biológicas e sociais.

O autor naturalista, além de atribuir às suas personagens um instinto animalesco (zoomorfização), descreve detalhadamente suas características e as do local em que elas vivem, o que torna, por vezes, a narrativa lenta.

Os naturalistas optaram por descrever a gente que pertencia às camadas menos favorecidas, criticando a burguesia. Outra característica dos romances naturalistas é o sexualismo, tema considerado degradante para a época.

O francês Émile Zola é o grande nome do Naturalismo literário. Sua obra *Thérèse Raquin* serviu de inspiração para vários outros autores adeptos desse novo estilo.

Figura 1

Nessa tela, pode-se observar uma cena da realidade, retratada por Kirchner.

2. Naturalismo no Brasil

O Naturalismo brasileiro é contemporâneo do Realismo. Seu marco inicial se dá com a obra *O mulato*, de Aluísio Azevedo, publicada em 1881.

ALUÍSIO AZEVEDO

Influenciado por Zola e Eça de Queirós, foi um autor de personagens-tipos. Em suas obras *O cortiço*, *O mulato* e *Casa de pensão*, percebe-se uma preocupação caricatural, e as circunstâncias eram pautadas por explicações científicas, normalmente deterministas ou darwinistas, as quais, muitas vezes, reduziam as criaturas ao nível animal ou buscavam nas certezas ou "verdades naturais" as razões daquele estado de coisas. *O mulato* é considerado o primeiro romance de tese no Brasil, pois denuncia o preconceito racial por parte da sociedade maranhense, além de atacar o clero da época.

O trabalho de maior destaque de Aluísio Azevedo é *O cortiço*, publicado em 1890. Trata-se de um romance de tipos, com uma enorme galeria de personagens que assumem os mais diversos comportamentos, em que a decadência moral, norteada por fatores "perfeitamente" explicados pela ciência, traduz seu objetivo máximo.

RAUL POMPEIA

O Ateneu é o trabalho mais importante de Raul Pompeia. Esse romance pode ser classificado como de formação, uma vez que focaliza o período de dois anos em que o narrador-personagem, Sérgio, foi aluno interno do colégio Ateneu. As experiências traumáticas vividas no internato — o autoritarismo do diretor (Aristarco), a passividade maternal de d. Ema (mulher do diretor), a falsidade dos colegas, a sexualidade, o homossexualismo disseminado entre os estudantes e a hipocrisia de um ensino de aparências — sugerem que o incêndio da escola tenha sido uma espécie de vingança contra a sociedade aristocrática brasileira da segunda metade do século XIX.

A obra foi classificada por Mário de Andrade como "escândalo autobiográfico" e "romance de vingança". A maior parte da crítica aponta que uma das grandes marcas do romance é o caráter eclético de seu estilo pela combinação de Realismo, Naturalismo, Impressionismo e Expressionismo.

> Também participaram do Naturalismo: Adolfo Caminha, Inglês de Sousa, Júlio Ribeiro, Domingos Olímpio e Manuel de Oliveira Paiva.

3. Parnasianismo

A poesia do final do século XIX apresenta tendências distintas: de um lado, um sentimento antirromântico expresso em versos impregnados de um racionalismo intenso, em que a beleza ou a estética superavam o ímpeto; de outro, a reação oposta, ou seja, uma necessidade de valorização do espírito, a sondagem do místico, a volubilidade do ser e das coisas, a busca pelo etéreo, pelo transitório.

O nome da escola (Parnasianismo) vem da França, designação dada às antologias publicadas a partir de 1866 sob o título de *Parnasse Contemporain* (*Parnaso contemporâneo*), que continham poemas de Gautier, Banville e Leconte de Lisle.

Dotado de um racionalismo temático, o Parnasianismo retoma o culto à forma, o rigor da métrica e das rimas. Elementos ligados à mitologia grega povoam os poemas, elaborados com precisão e requinte.

Os estudiosos divergem quanto ao início do Parnasianismo no Brasil. Segundo alguns, começa com *Sonetos e rimas* (1880), de Luís Guimarães Júnior. Outros apontam *Fanfarras* (1882), de Teófilo Dias. Entre os poetas parnasianos brasileiros que se destacaram, podem-se mencionar Alberto de Oliveira, Raimundo Correia e Olavo Bilac. Fizeram também parte do estilo Vicente de Carvalho e Francisca Júlia.

ALBERTO DE OLIVEIRA

A preferência pela descrição objetiva de objetos e cenas exteriores e o culto excessivo da forma tornam a poesia de Alberto de Oliveira artificial e fria.

Vaso chinês

Estranho mimo aquele vaso! Vi-o,
Casualmente, uma vez, de um perfumado
Contador sobre o mármor luzidio,
Entre um leque e o começo de um
[bordado.

Fino artista chinês, enamorado,
Nele pusera o coração doentio
Em rubras flores de um sutil lavrado,
Na tinta ardente de um calor sombrio.

Mas, talvez por contraste à desventura,
Quem o sabe?... de um velho mandarim
Também lá estava a singular figura;

> Que arte em pintá-la! a gente acaso vendo-a
> Sentia um não sei quê com aquele chim
> De olhos cortados à feição de amêndoa.
>
> Alberto de Oliveira

Nesse poema, pode-se observar que, na tentativa de tornar-se objetivo, o poeta parnasiano opta pelas descrições, principalmente no que diz respeito à natureza e aos objetos.

RAIMUNDO CORREIA

Raimundo Correia mantém uma vertente de filosofismo que sugere influência romântica e chega a compor alguns poemas de tendência simbolista, como "Banzo" e "Plenilúnio". Suas principais obras são: *Primeiros sonhos* (1879), *Sinfonias* (1883), *Versos e versões* (1887) e *Aleluias* (1891).

As pombas

> Vai-se a primeira pomba despertada...
> Vai-se outra mais... mais outra... enfim
> [dezenas
> De pombas vão-se dos pombais, apenas
> Raia sanguínea e fresca a madrugada...
>
> E à tarde, quando a rígida nortada
> Sopra, aos pombais, de novo elas, serenas,
> Ruflando as asas, sacudindo as penas,
> Voltam todas em bando e em revoada...
>
> Também dos corações onde abotoam,
> Os sonhos, um por um, céleres voam,
> Como voam as pombas dos pombais;
>
> No azul da adolescência as asas soltam,
> Fogem... Mas aos pombais as pombas
> [voltam,
> E eles aos corações não voltam mais...
>
> Raimundo Correia

OLAVO BILAC

Em seus poemas conseguiu fundir o estilo parnasiano francês à tradição lírica lusitana. Mantém o formalismo, mesmo com um conteúdo ainda romântico.

Via Láctea

> "Ora (direis) ouvir estrelas! Certo
> Perdeste o senso!" E eu vos direi, no
> [entanto,
> Que, para ouvi-las, muita vez desperto
> E abro as janelas, pálido de espanto...
>
> E conversamos toda a noite, enquanto
> A Via Láctea, como um pálio aberto,
> Cintila. E, ao vir do sol, saudoso e em
> [pranto,
> Inda as procuro pelo céu deserto.
>
> Direis agora: "Tresloucado amigo!
> Que conversas com elas? Que sentido
> Tem o que dizes, quando estão contigo?"
>
> E eu vos direi: "Amai para entendê-las!
> Pois só quem ama pode ter ouvido
> Capaz de ouvir e de entender estrelas".
>
> Olavo Bilac

4. Simbolismo

Os simbolistas reagem contra os parnasianos a fim de evitar o aprisionamento da criatividade a modelos pré-elaborados, excessivamente formais e que se descuidam do conteúdo e do espírito. No Simbolismo há uma procura pela recuperação dos valores emocionais, da riqueza expressiva, do sonho, da fantasia e da musicalidade.

Tem início na França, e seus principais autores são Verlaine, Mallarmé e Rimbaud. O Simbolismo levou o nome de Decadentismo ou "arte dos decadentes" por retomar elementos reprimidos pelos realistas e parnasianos, especialmente a espiritualidade.

A força da espiritualidade, os sentimentos morais, o mistério da existência, o consciente e o subconsciente, o sonho e a metafísica formam o universo simbolista. Essa subjetivação colocou o homem à margem da realidade, o que conferiu aos simbolistas o apelido de **nefelibatas**, ou seja, aqueles que vivem no mundo das nuvens.

No aspecto da linguagem, o Simbolismo explora as combinações sonoras e sensoriais. Vale-se, portanto, das aliterações, das assonâncias, das onomatopeias para extrair a musicalidade das palavras. Recorre à sinestesia para emaranhar as sensações.

O Simbolismo português inicia-se no ano de 1890, quando Eugênio de Castro publica a obra *Oaristos*. Antônio Nobre e Camilo Pessanha são outros expoentes dessa escola literária em Portugal. No Brasil, Cruz e Sousa, no ano de 1893, dá início ao Simbolismo com as obras *Missal* (prosa) e *Broquéis* (poesia).

CAMILO PESSANHA

Camilo de Almeida Pessanha nasceu em Coimbra, onde estudou e formou-se em direito, e faleceu tuberculoso em Macau, onde foi professor secundário de filosofia, conservador do registro predial e juiz.

A poesia de Pessanha funde apelos sensoriais suaves a uma vaga melodia, como se a alma do artista e o cenário se integrassem de maneira sutil. Sua única obra é *Clepsidra* (1922).

> […]
> Águas claras do rio! Águas do rio,
> Fugindo sob o meu olhar cansado,
> Para onde me levais meu vão cuidado?
> Aonde vais, meu coração vazio?
> […]

CRUZ E SOUSA

Cruz e Sousa empregou em seus textos os recursos mais expressivos do Simbolismo. Seus versos sugerem musicalidade intensa, sensorialismo ligado à cor branca, transcendentalismo e sensualismo.

Antífona

Ó Formas alvas, brancas, Formas claras
de luares, de neves, de neblinas!...
Ó Formas vagas, fluidas, cristalinas...
Incensos dos turíbulos das aras...

Formas do Amor, constelarmente puras,
de Virgens e de Santas vaporosas...
Brilhos errantes, mádidas frescuras
e dolências de lírios e de rosas...

Indefiníveis músicas supremas,
harmonias da Cor e do Perfume...
Horas do Ocaso, trêmulas, extremas,
Réquiem do Sol que a Dor da Luz
               [resume...
[…]

Cruz e Sousa

ALPHONSUS DE GUIMARAENS

A morte de sua prima e noiva Constança Guimarães foi o tema principal de sua poesia. Conhecido como "o solitário de Mariana" ou "poeta lunar", por causa de sua preferência pelos tons sombrios e pela luminosidade frouxa, Alphonsus de Guimaraens (poeta simbolista brasileiro) domina o cenário de sua terra natal.

A temática do amor e da morte, o misticismo católico e a religiosidade estão presentes em todos os seus poemas.

Ismália

Quando Ismália enlouqueceu,
Pôs-se na torre a sonhar...
Viu uma lua no céu,
Viu outra lua no mar.
No sonho em que se perdeu,
Banhou-se toda em luar...
Queria subir ao céu,
Queria descer ao mar...

E, no desvario seu,
Na torre pôs-se a cantar...
Estava longe do céu,
Estava longe do mar...
[…]

Alphonsus de Guimaraens

ATIVIDADES

1 (Unifesp)

[...]

Fechou-se um entra-e-sai de marimbondos defronte daquelas cem casinhas ameaçadas pelo fogo. Homens e mulheres corriam de cá para lá com os tarecos ao ombro, numa balbúrdia de doidos. O pátio e a rua enchiam-se agora de camas velhas e colchões espocados. Ninguém se conhecia naquela zumba de gritos sem nexo, e choro de crianças esmagadas, e pragas arrancadas pela dor e pelo desespero. Da casa do barão saíam clamores apopléticos; ouviam-se os guinchos de Zulmira que se espolinhava com um ataque. E começou a aparecer água. Quem a trouxe? Ninguém sabia dizê-lo; mas viam-se baldes e baldes que se despejavam sobre as chamas.

Os sinos da vizinhança começaram a badalar.

E tudo era um clamor.

A Bruxa surgiu à janela da sua casa, como à boca de uma fornalha acesa. Estava horrível; nunca fora tão bruxa. O seu moreno trigueiro, de cabocla velha, reluzia que nem metal em brasa; a sua crina preta, desgrenhada, escorrida e abundante como as das éguas selvagens, dava-lhe um caráter fantástico de fúria saída do inferno. E ela ria-se, ébria de satisfação, sem sentir as queimaduras e as feridas, vitoriosa no meio daquela orgia de fogo, com que ultimamente vivia a sonhar em segredo a sua alma extravagante de maluca.

Ia atirar-se cá para fora, quando se ouviu estalar o madeiramento da casa incendiada, que abateu rapidamente, sepultando a louca num montão de brasas. [...]

Aluísio Azevedo. *O cortiço*.

O caráter naturalista dessa obra de Aluísio Azevedo oferece, de maneira figurada, um retrato de nosso país, no final do século XIX. Põe em evidência a competição dos mais fortes, entre si, e estes, esmagando as camadas de baixo, compostas de brancos pobres, mestiços e escravos africanos. No ambiente de degradação de um cortiço, o autor expõe um quadro tenso de misérias materiais e humanas. No fragmento, há várias outras características do Naturalismo.

Aponte a alternativa em que as duas características apresentadas são corretas:

a) Exploração do comportamento animal e dos instintos baixos; enfoque da vida e dos fatos sociais contemporâneos ao escritor.

b) Visão subjetivista dada pelo foco narrativo; tensão conflitiva entre o ser humano e o meio ambiente.

c) Preferência pelos temas do passado, propiciando uma visão objetiva dos fatos; crítica aos valores burgueses e predileção pelos mais pobres.

d) A onisciência do narrador imprime-lhe o papel de criador e se confunde com a ideia de Deus; utilização de preciosismos vocabulares, para enfatizar o distanciamento entre a enunciação e os fatos enunciados.

e) Exploração de um tema em que o ser humano é aviltado pelo mais forte; predominância de elementos anticientíficos, para ajustar a narração ao ambiente degradante das personagens.

2 (Unicamp-SP) No capítulo VII de *O Ateneu*, ao descrever a exposição de quadros dos alunos do colégio, o narrador assim se refere aos sentimentos de Aristarco:

Não obstante, Aristarco sentia-se lisonjeado pela intenção. Parecia-lhe ter na face a cocegazinha sutil do creiom passando, brincando na ruga mole da pálpebra, dos pés de galinha, contornando a concha da orelha, calcando a comissura dos lábios, entrevista na franja pelas dobras oblíquas da pele ao nariz, varejando a pituitária, extorquindo um espirro agradável e desopilante.

a) A que intenção se refere o narrador?

b) Quais características de Aristarco estão sugeridas neste comentário do narrador?

_____
_____
_____
_____
_____
_____

c) Lendo esta descrição, você considera que o narrador compartilha dos mesmos sentimentos de Aristarco? Justifique.

_____
_____
_____
_____

Leia o texto a seguir para responder à questão.

Rio abaixo

Treme o rio, a rolar, de vaga em vaga...
Quase noite. Ao sabor do curso lento
Da água, que as margens em redor alaga,
Seguimos. Curva os bambuais o vento.
Vivo há pouco, de púrpura sangrento,
Desmaia agora o Ocaso. A noite apaga
A derradeira luz do firmamento...
Rola o rio, a tremer, de vaga em vaga,
Um silêncio tristíssimo por tudo
Se espalha. Mas a lua lentamente
Surge na fímbria do horizonte mudo:
E o seu reflexo pálido, embebido
como um gládio de prata na corrente,
Rasga o seio do rio adormecido.

Olavo Bilac

3 (FMU-PR) Desse poema, só não se conclui que:
a) o poeta se preocupou com a perfeição formal do poema, demonstrada pela métrica perfeita e pelo vocabulário rigorosamente escolhido.
b) o sentimento de angústia e tristeza está presente no poema, provocado pela impossibilidade de fugir à realidade.
c) "Rio abaixo" parece fruto da observação. É o estilo do Realismo na poesia.
d) o vocabulário do poema é poético, próprio, expressivo e erudito.
e) todos os versos se encontram no presente do indicativo, prova de que o assunto nasce da observação, não da imaginação.

4 Leia o trecho seguinte, retirado de *Antífona*, do simbolista Cruz e Sousa:

Ó Formas alvas, brancas, Formas claras...
De luares, de neves, de neblinas! ...
Ó Formas vagas, fluidas, cristalinas...
Incensos dos turíbulos das aras...

Formas do Amor, constelarmente puras...
De Virgens e de Santas vaporosas...
Brilhos errantes, mádidas frescuras...
E dolências de lírios e de rosas...

Indefiníveis músicas supremas...
Harmonias da Cor e do Perfume...
Horas do Ocaso, trêmulas, extremas,
Réquiem do Sol que a Dor da Luz
[resume...

Todas as características listadas a seguir são pertinentes ao trecho simbolista lido, com exceção de:
a) maiúsculas alegorizantes.
b) misticismo e espiritualidade.
c) obsessão pelo branco.
d) uso de sinestesias.
e) objetividade.

EXERCÍCIOS COMPLEMENTARES

1 (U. F. São Carlos-SP) Leia com atenção este texto.

Eram cinco horas da manhã e o cortiço acordava, abrindo, não os olhos, mas a sua infinidade de portas e janelas alinhadas.

[...]
Daí a pouco, em volta das bicas era um zunzum crescente; uma aglomeração tumultuosa de machos e fêmeas. Uns, após outros, lavavam a cara, incomodamente, debaixo do fio de água que escorria da altura de uns cinco palmos. O chão inundava-se. As mulheres precisavam já prender as saias entre as coxas para não as molhar; via-se-lhes a tostada nudez dos braços e do pescoço, que elas despiam, suspendendo o cabelo todo para o alto do casco; os homens, esses não se preocupavam em molhar o pelo, ao contrário, metiam a cabeça bem debaixo da água e esfregavam com força as ventas e as barbas, fossando e fungando contra as palmas da mão.

Aluísio Azevedo. *O cortiço*.

Aluísio Azevedo pertence ao Naturalismo.

a) Cite duas características desse estilo de época.

b) Exemplifique, no texto, essas duas características.

2 (UFTM-MG) Sobre a obra de Raul Pompeia, Mário de Andrade escreveu:

O *Ateneu* é uma caricatura sarcástica [...] da vida psicológica dos internatos. Digo caricatura no sentido de se tratar de uma obra em que os traços estão voluntariamente exagerados numa intenção punitiva.

Pode-se considerar como caricatural e sarcástico:

I. o modo pelo qual Aristarco é descrito pelo narrador, oferecendo de maneira episcopal a mão peluda ao beijo contrito e filial dos alunos.

II. o modo pelo qual o narrador observa que Aristarco consagrava as manhãs ao governo financeiro do colégio, conferindo as anotações feitas em um grande livro que se abria em colunas maciças de escrituração e linhas encarnadas.

III. o fato de o narrador ter associado os movimentos da cadeira giratória ocupada por Aristarco às mudanças de atitude deste, a cadeira funcionando como metáfora da personalidade do diretor.

Está correto o que se afirma em:

a) II, apenas.
b) I e II, apenas.
c) I e III, apenas.
d) II e III, apenas.
e) I, II e III.

3 (Fuvest-SP)

Fulge de luz banhado, esplêndido e
[suntuoso,
O palácio imperial de pórfiro luzente
E mármor da Lacônia. O teto caprichoso
Mostra, em prata incrustado, o nácar do
[Oriente.

O texto dado é a primeira estrofe do soneto "A sesta de Nero", de Olavo Bilac. Cite uma característica do estilo parnasiano que se comprova no texto.

4 (PUC-PR) Medeiros e Albuquerque, anunciando o Simbolismo, escreveu:

> Pode a Música somente
> do Verso nas finas teias
> conservar no tom fluente
> tênue fantasma de ideias;
> Que importa a Ideia, contanto
> que vibre a Forma sonora,
> Se da Harmonia do canto
> Vaga ilusão se evapora?

Nesses versos, o poeta defende valores simbolistas. Aponte a alternativa que discrimina esses valores.

a) Imprecisão das ideias, verso fácil e fluente, musicalidade.
b) Musicalidade, pensamento esquisito, fluidez e formalismo.
c) Harmonia forma-conteúdo, imprecisão, verso sem rimas nem ideias fixas.
d) Sonoridade, ideias sobrenaturais, despreocupação com o sentido das palavras.
e) Sobrevalorização da sonoridade, musicalidade, sobreposição da forma à ideia.

5 Julgue (V ou F) as seguintes afirmativas:

I. Os poetas simbolistas ficaram conhecidos como "nefelibatas", isto é, aqueles que vivem nas nuvens.
II. A poesia simbolista é marcada pela musicalidade, numa tentativa de aproximar a poesia da música.
III. Para os poetas simbolistas o importante era sugerir e não nomear diretamente o objeto.
IV. Misticismo e espiritualidade marcam a poesia simbolista como forma de combater a poesia romântica.
V. No Brasil, o destaque ficou para Camilo Pessanha, o conhecido poeta de *Clepsidra*.

6 Leia as afirmações a seguir:

I. Enquanto os realistas e naturalistas combateram a sociedade com romances e contos, os parnasianos usaram a poesia para fazer crítica social.
II. Olavo Bilac, Alberto de Oliveira e Raimundo Correia formaram a tríade parnasiana, destacando-se como os maiores representantes do período.
III. Uma das técnicas adotadas pelos poetas parnasianos era o *enjambement*, que consistia em iniciar uma frase num verso e terminá-la no meio do verso seguinte.
IV. Os poetas parnasianos escreviam como se fossem monges enclausurados, no alto de uma torre.
V. O lema seguido pelos poetas parnasianos era "arte pela arte", isto é, a poesia era a mais pura expressão da beleza.

Estão corretas as afirmações:

a) II, III e IV
b) I, II e V
c) II, III, IV e V
d) I, II, III e V
e) II, III e V

Vanguardas/ Pré-Modernismo/ Modernismo português

1. Vanguardas europeias

Os avanços técnico-científicos do final do século XIX e começo do século XX aguçavam ainda mais a burguesia, maior compradora e, consequentemente, principal incentivadora do consumismo. Aliava-se a isso certa melancolia dos decadentistas do Simbolismo, decorrente da crise provocada pela possível dependência do homem em relação à máquina. Surgiram, então, as chamadas **vanguardas europeias**, movimentos artísticos com uma postura inovadora, que anunciavam um mundo em transformação.

Em 1905 ocorreu, em Paris, a exposição do primeiro movimento de vanguarda do século XX, o Fauvismo. O termo vem do francês, *fauve* ("fera"). Ao ver a exposição, um crítico de arte classificou aquilo como arte irracional, própria de feras, daí Fauvismo.

Figura 1

O grito, de Münch, a mais conhecida obra expressionista (têmpera sobre prancha, 1893).

EXPRESSIONISMO

O Expressionismo é o estilo artístico que traduz, com intensidade, a angústia moderna. A temática é sobrecarregada de força e desespero. Retrata a dor, a loucura, o desejo sexual, o medo, a solidão. Vários críticos definem o Expressionismo como a "arte dos sanatórios". Seu maior representante é o norueguês Edvard Münch.

CUBISMO

O Cubismo foi, certamente, um dos mais revolucionários movimentos da arte no século XX. Trata-se da quebra, do corte do objeto em faces geométricas em que se sobrepõem planos, redimensionando a realidade em cubos, trapézios, cones, hexágonos, etc. Seu maior representante é o espanhol Pablo Picasso.

FUTURISMO

Em 1909, o italiano Filippo Tommaso Marinetti lançou o *Manifesto Futurista*, que propunha uma ampla renovação no conceito artístico e cujas características principais baseavam-se na coragem e na audácia do novo, tendo a liberdade e o recomeço de uma nova era como objetivos fundamentais.

O Futurismo foi um movimento incendiário contra os velhos padrões artísticos. Incitava a renovação dos modelos, propunha a derrubada do decadentismo e dava à arte um poder libertário. Estabelecia um contato direto com a fala do povo, desprovida das formas e dos padrões limitadores.

Leia, a seguir, um fragmento da *Fundação e Manifesto do Futurismo*.

1. Queremos cantar o amor do perigo, o hábito da energia e da temeridade.
2. A coragem, a audácia e a rebelião serão elementos essenciais da nossa poesia.
3. Até hoje a literatura tem exaltado a imobilidade pensativa, o êxtase e o sono. Queremos exaltar o movimento agressivo, a insônia febril, a velocidade, o salto mortal, a bofetada e o murro.
4. Afirmamos que a magnificência do mundo se enriqueceu de uma beleza nova: a beleza da velocidade. Um carro de corrida adornado de grossos tubos semelhantes a serpentes de hálito explosivo... um automóvel rugidor, que parece correr sobre a metralha, é mais belo que a *Vitória de Samotrácia*. [...]

DADAÍSMO

O romeno Tristan Tzara, em 1916, lidera em Zurique um grupo de artistas que converge para um estranho estilo artístico sem sentido: o **Dadá**.

O Dadaísmo é provocador, anárquico, absurdo, *nonsense* (ausência de lógica) e perturbador, e sua finalidade é protestar contra os horrores da guerra e acordar a imaginação do mundo. Seus maiores representantes foram: Tristan Tzara, Marcel Duchamp e Jean Arp.

Para fazer um poema dadaísta

Pegue um jornal.

Pegue uma tesoura.

Escolha neste jornal um artigo que tenha o comprimento que você queira dar ao seu poema.

Corte o artigo.

Corte em seguida com cuidado cada palavra dele e ponha-as em um saco.

Agite delicadamente.

Pegue, depois, um recorte após outro.

Copie as palavras rigorosamente na ordem em que saíram.

O poema se parecerá com você.

E ei-lo um escritor infinitamente original e de sensibilidade graciosa, ainda que incompreendido pelo público.

TELES, Gilberto Mendonça. *Vanguarda europeia e Modernismo brasileiro*. Petrópolis: Vozes, 1972.

SURREALISMO

Movimento nascido do Dadaísmo, o Surrealismo buscava a arte do automatismo, ou seja, a criação sem controle consciente, numa tentativa de atingir o imaginário inconsciente. Nada poderia ter lógica.

André Breton, um de seus idealizadores, compunha suas obras a partir dos sonhos freudianos. O improviso e a alucinação são pontos essenciais no movimento. Seus maiores representantes são André Breton, René Magritte, Salvador Dalí e Joan Miró.

2. Pré-Modernismo

Com a proclamação da República, em 1889, várias foram as transformações pelas quais o Brasil passou, não só politicamente, como social e culturalmente.

Os conflitos regionais (Canudos, Contestado), o fim da escravidão e a consequente imigração estrangeira, o poder nas mãos da oligarquia rural, o crescimento das grandes cidades, aliados às turbulências internacionais (Primeira Guerra Mundial, Revolução Bolchevista), imprimiram um perfil diferente ao contexto artístico que culminaria com a realização da Semana de Arte Moderna, no ano de 1922.

Nos primeiros anos do século XX havia uma miscelânea de estilos e correntes agindo sobre a arte nacional. Os autores direcionavam a temática com a nítida preocupação com a realidade nacional. Suas obras, fossem elas de ficção, ensaios ou artigos de jornal, demonstravam uma tendência à denúncia social, criticando as instituições e o descuido governamental com os graves problemas nacionais.

Muitos autores combatiam a alienação dos escritores consagrados e lutavam pela acessibilidade à linguagem. Havia também uma forte preocupação com a falsa estereotipação dos tipos e cenários brasileiros criados pelo regionalismo romântico, tais como o servilismo do sertanejo, a fortaleza do homem interiorano, sem contar a visão bucólica e agradável do sertão nordestino. A realidade deveria ser resgatada em forma de crítica e de denúncia.

EUCLIDES DA CUNHA

Quando ocorreu a insurreição de Canudos, em 1897, Euclides da Cunha escreveu dois artigos, que lhe valeram um convite do jornal *O Estado de S. Paulo* para presenciar o final do conflito. Foi quando conseguiu reunir informações para, durante cinco anos, elaborar *Os sertões*: campanha de Canudos (1902), sua obra-prima.

Euclides morreu a tiros, no dia 15 de agosto de 1909, ao invadir a casa do amante de sua esposa.

Suas principais obras são *Os sertões* (1902), *Contrastes e confrontos* (1907), *Peru versus Bolívia* (1907).

Os sertões são uma mistura de reportagem, ensaio científico, ficção e rica literatura. A obra é dividida em três partes: **A terra**, **O homem** e **A luta**.

- **A terra**. Euclides da Cunha apresenta, com riqueza de detalhes, toda a topografia do lugar. Trata-se de um trabalho de cunho científico. O homem é visto como um ser estranho ao cenário hostil.

- **O homem**. Nessa parte, Euclides da Cunha toma características sociais e psicológicas do perfil do homem nordestino. Faz comparações com o gaúcho, acentuando as diferenças entre o homem do sul e o sertanejo. Apoia-se no positivismo determinista e nas teorias evolucionistas para justificar as características inerentes ao indivíduo e apresenta o homem (sertanejo) como um ser moldado àquelas circunstâncias (raciais, temporais e espaciais). O autor ressalta a bravura e a fortaleza do nordestino na frase mais famosa do seu livro: "O sertanejo é, antes de tudo, um forte".

- **A luta**. Conta como Antônio Conselheiro, fanático, profeta e visionário, comandou uma legião de pessoas, sob o pretexto da salvação. Euclides da Cunha fundamenta o conflito lembrando não se constituir apenas em um ato messiânico, mas também em uma dura revolta contra o coronelismo latifundiário, o servilismo, a fome, a miséria e o abandono.

O livro termina com a destruição de Canudos.

Canudos não se rendeu

Fechemos este livro.

Canudos não se rendeu. Exemplo único em toda a história, resistiu até ao esgotamento completo. Expugnado palmo a palmo, na precisão integral do termo, caiu no dia 5, ao entardecer, quando caíram os seus últimos defensores, que todos morreram. Eram quatro apenas: um velho, dois homens feitos e uma criança, na frente dos quais rugiam raivosamente 5 mil soldados.

Forremo-nos à tarefa de descrever os seus últimos momentos. Nem poderíamos fazê-lo. Esta página, imaginamo-la sempre profundamente emocionante e trágica; mas cerramo-la vacilante e sem brilhos.

Vimos como quem vinga uma montanha altíssima. No alto, a par de uma perspectiva maior, a vertigem...

Ademais, não desafiaria a incredulidade do futuro a narrativa de pormenores em que se amostrassem mulheres precipitando-se nas fogueiras dos próprios lares, abraçadas aos filhos pequeninos...

E de que modo comentaríamos, com a só fragilidade da palavra humana, o fato singular de não aparecerem mais, desde a manhã de 3, os prisioneiros válidos colhidos na véspera, e entre eles aquele Antônio Beatinho, que se nos entregara, confiante — e a quem devemos preciosos esclarecimentos sobre esta fase obscura da nossa história?

Caiu o arraial a 5. No dia 6 acabaram de o destruir desmanchando-lhe as casas, 5.200, cuidadosamente contadas.

LIMA BARRETO

Afonso Henriques de Lima Barreto fez uma arte panfletária, denunciadora, crítica, com acentuado foco nos subúrbios cariocas, traduzindo as angústias e humilhações sofridas pela gente humilde e mestiça, inexplicavelmente passiva e acomodada nas questões políticas.

O trabalho mais conhecido de Lima Barreto é *Triste fim de Policarpo Quaresma*. Narrado em terceira pessoa, o livro conta a vida do major Policarpo Quaresma, funcionário público respeitado, cumpridor dos seus deveres, xenófobo (avesso a estrangeiro), numa caricatura irônica do nacionalismo republicano.

AUGUSTO DOS ANJOS

Augusto de Carvalho Rodrigues dos Anjos traz no seu trabalho a influência direta de Schopenhauer, Darwin e Spencer. Traduz um pessimismo doentio, numa visão fatalista da humanidade. Recebeu fortes influências simbolistas e de outras escolas, mas seu vocabulário, suas divagações metafísicas, associam-no ao Pré-Modernismo, por não ser possível encaixá-lo em qualquer outra escola ou tendência literária.

Psicologia de um vencido

Eu, filho do carbono e do amoníaco,
Monstro de escuridão e rutilância,
Sofro, desde a epigênese da infância,
A influência má dos signos do zodíaco.

Profundissimamente hipocondríaco,
Este ambiente me causa repugnância...
Sobe-me à boca uma ânsia análoga à ânsia
Que se escapa da boca de um cardíaco.

Já o verme — este operário das ruínas —
Que o sangue podre das carnificinas
Come, e à vida em geral declara guerra,

Anda a espreitar meus olhos pra roê-los,
E há de deixar-me apenas os cabelos,
Na frialdade inorgânica da terra!

> São também considerados pré-modernistas Monteiro Lobato e Graça Aranha.

3. Modernismo português

O Modernismo português abarca as vanguardas europeias sem abrir mão do sentimento decadentista ou simbolista. Essas ideias se firmam por meio das revistas literárias, que passaram a ter papel decisivo para a consolidação do Modernismo em Portugal.

Em 1915, surge *Orpheu*, uma revista literária ousada para os padrões artísticos da época, cuja intenção essencial era a propagação da arte "nova", vibrante. Foi o marco inicial do movimento modernista português.

A geração Orpheu compreende toda a produção literária de 1915 a 1927. Voltada inicialmente ao questionamento dos valores burgueses, numa busca pelo anárquico, evidenciando a poesia como manifestação artística preponderante, invocava os princípios da metafísica simbolista em sintonia com os movimentos "modernos". O produto dessa fusão foi uma literatura que o público considerava próxima da loucura, abusada e questionadora.

Os maiores representantes da geração do orfismo foram os poetas Mário de Sá-Carneiro e Fernando Pessoa.

Nos anos 1920, a situação da política portuguesa agravou-se. A proclamação da República não trazia mais a esperança por causa da grave crise que o país enfrentava. O ditador António de Oliveira Salazar reprimia e censurava o povo com a polícia política.

É nesse contexto que, em 1927, cria-se a revista *Presença*, por meio da qual se dá continuidade aos ideais da geração Orpheu.

Em 1930 surge o movimento **neorrealista** com a intenção de enfrentar a ditadura imposta por Salazar. Os neorrealistas pretendiam, por meio dos textos literários, fazer com que o povo tomasse consciência dos males da censura à qual era submetido.

Em 1949, o **Surrealismo** surge em Portugal por meio de uma exposição realizada em praça pública com o propósito de chocar e questionar os valores burgueses.

A partir de 1950, novas revistas literárias compõem o cenário artístico nacional, e os portugueses, desta vez influenciados por Proust e Kafka, dão novos contornos à produção artística.

MÁRIO DE SÁ-CARNEIRO

Mário de Sá-Carneiro traduz o rompimento com a tradição literária, revelando a inquietação, a angústia, a condição humana desfavorável, a inclinação para a poética metafísica (evidenciada pela ausência de Deus), a insegurança, o desespero do homem. Em alguns de seus poemas se pode observar a influência do decadentismo simbolista.

Dispersão

Perdi-me dentro de mim
Porque eu era labirinto,
E hoje, quando me sinto,
É com saudades de mim.

Passei pela minha vida
Um astro doido a sonhar.
Na ânsia de ultrapassar,
Nem dei pela minha vida...

[...]

FERNANDO PESSOA

Fernando Antônio Nogueira Pessoa perde o pai muito cedo e sua mãe casa-se novamente. Em 1906, Fernando Pessoa muda-se para Lisboa e matricula-se no curso superior de Letras.

No ano de 1914, ele cria os heterônimos Alberto Caeiro, Ricardo Reis e Álvaro de Campos.

Com o fim da revista *Orpheu*, passa a escrever para a revista *Contemporânea e a Athena*. Torna-se também colaborador da revista *Presença* e de vários jornais portugueses. Em 1934, publica *Mensagem*, seu único livro em língua portuguesa.

Considerado o melhor poeta moderno português, Fernando Pessoa tinha uma personalidade literária marcada por profunda complexidade. Ele representou um caso incomum na literatura por escrever não só poemas, mas criar poetas, personagens poéticas e máscaras. Às personagens-poetas que criou chamou **heterônimos**. Os poemas que escreveu e assinou como Fernando Pessoa formam a **poesia ortônima** (próprio nome).

Figura 2

"Se, depois de eu morrer, quiserem escrever minha biografia, não há nada mais simples. Tem só duas datas: a da minha nascença e a da minha morte. Entre uma e outra todos os dias são meus." (Fernando Pessoa)
Retrato de Fernando Pessoa, feito por Almada Negreiros.

FERNANDO PESSOA, "ELE MESMO"

Fernando Pessoa, "ele mesmo", é o poeta da metalinguagem, da preocupação com o "ser poeta". Busca o equilíbrio, embora não lhe falte a percepção mística. Traz a influência da literatura portuguesa de origem, como os versos em medida velha; é de um saudosismo intenso, busca nas raízes do tradicionalismo a fonte segura para a sua inspiração.

Mensagem é a obra mais importante de Fernando Pessoa. Dividindo-a em três partes — "Brasão", "Mar portuguez" e "O encoberto" —, o poeta traça uma espécie de diálogo com *Os lusíadas*, numa revisão épica da história portuguesa.

Mar portuguez

Ó mar salgado, quanto do teu sal
São lágrimas de Portugal!
Por te cruzarmos, quantas mães choraram,
Quantos filhos em vão rezaram!
Quantas noivas ficaram por casar
Para que fosses nosso, ó mar!

Valeu a pena? Tudo vale a pena
Se a alma não é pequena.
Quem quer passar além do Bojador
Tem que passar além da dor.
Deus ao mar o perigo e o abysmo deu,
Mas nelle é que espelhou o céu.

Fernando Pessoa

OS OUTROS EUS

ALBERTO CAEIRO

Nascido em Lisboa, ficou órfão muito cedo. Viveu com uma tia velha numa cabana no campo. Pode ser considerado o poeta-camponês, porque valoriza a vida simples junto da natureza, numa espécie de bucolismo livre das influências árcades.

Sua poesia é simples, direta, marcada pela repetição de termos e pela oralidade. A forma de seus versos é livre, espontânea. Sua visão de mundo é marcada pelo realismo sensorial, ou seja, a única verdade está no que ele sente e não no que pensa.

Sua obra mais importante é *O guardador de rebanhos*.

Há metafísica bastante em não pensar em
[nada.

O que penso eu do mundo?
Sei lá o que penso do mundo!
Se eu adoecesse pensaria nisso.

Que ideia tenho eu das cousas?
Que opinião tenho sobre as causas e os
[efeitos?
Que tenho eu meditado sobre Deus e a
[alma
E sobre a criação do Mundo?
Não sei. Para mim pensar nisso é fechar
[os olhos
E não pensar. É correr as cortinas
Da minha janela (mas ela não tem
[cortinas).
[...]

Alberto Caeiro

RICARDO REIS

Apaixonado pela cultura clássica, foi influenciado pelo Neoclassicismo. Estão presentes em seus versos o bucolismo, o *carpe diem* e uma visão de mundo marcada pelo epicurismo e estoicismo. Sua preocupação com a brevidade da vida conduz à necessidade de aproveitar o momento presente e tornar-se indiferente aos males do mundo.

Para ser grande, sê inteiro

Para ser grande, sê inteiro: nada
Teu exagera ou exclui.
Sê todo em cada coisa. Põe quanto és
No mínimo que fazes.
Assim em cada lago a lua toda
Brilha, porque alta vive.

Ricardo Reis

ÁLVARO DE CAMPOS

Engenheiro mecânico e naval, é o "poeta das sensações modernas", da euforia futurista, do século XX. Álvaro de Campos não se apega a coisa alguma, pois tem consciência de que nada é, nada representa e não passa de uma máscara, de uma personagem construída por outrem. Ele comunica as sensações por meio de uma linguagem forte, densa e com necessidade de expressão. Seus versos são longos e livres, marcados pela oralidade e pela necessidade de extravasar o momento e a angústia que atormentam o poeta.

Sua poesia é complexa e com três fases distintas: a decadentista, a futurista e a do sensacionismo e niilismo.

Tabacaria

Não sou nada.
Nunca serei nada.
Não posso querer ser nada.
À parte isso, tenho em mim todos os
[sonhos do mundo.
[...]
O mundo é para quem nasce para o
[conquistar
E não para quem sonha que pode
[conquistá-lo, ainda que tenha razão.
[...]

Álvaro de Campos

ATIVIDADES

1 Leia as seguintes considerações:

I. Falta de lógica, uma busca constante do imaginário inconstante.
II. Expressão da angústia moderna, do desespero, da dor, da loucura.
III. Ampla renovação do estilo artístico, tomando como parâmetro a energia.

Assinale a alternativa que corresponda, respectivamente, aos conceitos apresentados:

a) Dadaísmo – Impressionismo – Futurismo
b) Surrealismo – Impressionismo – Futurismo
c) Surrealismo – Dadaísmo – Cubismo
d) Dadaísmo – Futurismo – Expressionismo
e) Surrealismo – Expressionismo – Futurismo

2 A linguagem adotada por Euclides da Cunha na obra *Os sertões* criou espanto, tanto por parte da crítica especializada quanto por parte do leitor. Explique o porquê dessa reação.

_____
_____
_____
_____
_____
_____
_____

3 (UFMG) Leia o trecho a seguir, do romance *Triste fim de Policarpo Quaresma*, de Lima Barreto.

O major logo organizou um museu dos produtos naturais do "Sossego". As espécies florestais e campesinas foram etiquetadas com seus nomes vulgares e quando era possível com os científicos. [...] Os azares de leituras tinham-no levado a estudar as ciências naturais e o furor autodidata dera a Quaresma sólidas noções de botânica, zoologia, mineralogia e geologia [...] acabado esse inventário, passou duas semanas a organizar a sua biblioteca agrícola e uma relação de instrumentos meteorológicos para auxiliar os trabalhos da lavoura. Encomendou livros nacionais, franceses, portugueses; comprou termômetros, barômetros, pluviômetros, higrômetros, anemômetros.

Anastácio assistia a todos esses preparativos com assombro. Para que tanta cousa, tanto livro, tanto vidro? Estaria o seu antigo patrão dando para farmacêutico? A dúvida do preto velho não durou muito. Estando certa vez Quaresma a ler o pluviômetro, Anastácio, ao lado, olhava-o espantado, como quem assistisse a um passe de feitiçaria. O patrão notou o espanto do criado e disse:

— Sabes o que estou fazendo, Anastácio?
— Não, "sinhô".
— Estou vendo se choveu muito.
— Para que isso, patrão? A gente sabe logo "de olho" quando choveu muito ou pouco.

Sobre o trecho pode-se afirmar que:

a) as ciências naturais, aprendidas por Quaresma em suas leituras, são vistas no texto como um instrumento necessário à apreensão da realidade.

b) o autor, por meio do preto velho, demonstra a inutilidade dos recursos técnicos postos à disposição da agricultura.

c) o museu botânico, a biblioteca agrícola e os instrumentos meteorológicos provam que Quaresma dominava o conhecimento na área das ciências naturais.

d) o narrador, no diálogo entre as duas personagens, utiliza-se da fala de Anastácio para criticar o falso cientificismo de Quaresma.

4 A seguir estão trechos de poemas de Fernando Pessoa e de seus heterônimos. Identifique-os.

I. A dolorosa
Luz das lâmpadas elétricas da fábrica
Tenho febre e escrevo.
Escrevo rangendo os dentes, fera
    [para a beleza disto,
Para a beleza disto, totalmente
    [desconhecida dos antigos.

II. Não me importo com as rimas. Raras
    [vezes
Há duas árvores iguais, uma ao lado
    [da outra.
Penso e escrevo como as flores têm
    [cor
Mas com menos perfeição no meu
    [modo de exprimir-me
Porque me falta a simplicidade divina
De ser todo só o meu exterior.

Olho e comovo-me,
Comovo-me como a água corre
    [quando o chão é inclinado,
E a minha poesia é natural como o
    [levantar-se vento...

III. Vem sentar-te comigo, Lídia, à beira
    [do rio.
Sossegadamente fitemos o seu curso
    [e aprendamos
Que a vida passa, e não estamos de
    [mãos enlaçadas.
(Enlacemos as mãos).

Depois pensemos, crianças adultas,
    [que a vida
Passa e não fica, nada deixa e nunca
    [regressa.
Vai para um mar muito longe, para ao
    [pé do Fado,
Mais longe que os deuses.

Desenlacemos as mãos, porque não
[vale a pena cansarmo-nos.
Quer gozemos, quer não gozemos,
[passamos como o rio.
[...]

IV. Deus quer, o homem sonha, a obra
[nasce.
Deus quis que a terra fosse toda uma,
Que o mar unisse, já não separasse.
Sagrou-te, e foste desvendando a
[espuma.

A sequência correta é:

a) I – Fernando Pessoa; II – Álvaro de Campos; III – Alberto Caeiro; IV – Ricardo Reis.

b) I – Álvaro de Campos; II – Fernando Pessoa; III – Ricardo Reis; IV – Alberto Caeiro.

c) I – Alberto Caeiro; II – Ricardo Reis; III – Fernando Pessoa; IV – Álvaro de Campos.

d) I – Álvaro de Campos; II – Alberto Caeiro; III – Ricardo Reis; IV – Fernando Pessoa.

e) I – Alberto Caeiro; II – Fernando Pessoa; III – Ricardo Reis; IV – Álvaro de Campos.

EXERCÍCIOS COMPLEMENTARES

1 Na literatura, o _____ equivale ao verso livre, numa clara oposição ao soneto, exemplo maior de academicismo.

A alternativa que preenche corretamente a lacuna é:

a) Expressionismo

b) Surrealismo

c) Dadaísmo

d) Futurismo

e) Cubismo

2 (U. E. Londrina-PR) Assinale a afirmativa incorreta sobre o Pré-Modernismo:

a) Não se caracterizou como uma escola literária com princípios estéticos bem delimitados, mas como um período de prefiguração das inovações temáticas e linguísticas do Modernismo.

b) Algumas correntes de vanguarda do início do século XX, como o Futurismo e o Cubismo, exerceram grande influência sobre nossos escritores pré-modernistas, sobretudo na poesia.

c) Tanto Lima Barreto quanto Monteiro Lobato são nomes significativos da literatura pré-modernista produzida nos primeiros anos do século XX, pois problematizam a realidade cultural e social do Brasil.

d) Euclides da Cunha, com a obra *Os sertões*, ultrapassa o relato meramente documental da batalha de Canudos para fixar-se em problemas humanos e revelar a face trágica da nação brasileira.

e) Nos romances de Lima Barreto, observa-se, além da crítica social, a crítica ao academicismo e à linguagem empolada e vazia dos parnasianos, traço que revela a postura moderna do escritor.

3 (Vunesp)

Eu, filho do carbono e do amoníaco,
Monstro da escuridão e rutilância,
Sofro, desde a epigênese da infância,
A influência má dos signos do zodíaco.

Profundissimamente hipocondríaco,
Este ambiente me causa repugnância...
Sobe-me à boca uma ânsia análoga à ânsia
Que se escapa da boca de um cardíaco.

Já o verme — este operário das ruínas —
Que o sangue podre das carnificinas
Come, e à vida em geral declara guerra,

Anda a espreitar meus olhos para roê-los,
E há de deixar-me apenas os cabelos,
Na frialdade inorgânica da terra!

ANJOS, Augusto dos. "Psicologia de um vencido". In: *Eu e outras poesias*. 5. ed. São Paulo: Nacional, s.d. p. 52.

Uma das temáticas mais enfatizadas por Augusto dos Anjos é a duplicação do ser ou a dialética do Eu e do Outro. Identifique no poema apresentado as palavras e expressões que explicitam essa duplicação.

_____
_____
_____
_____
_____
_____
_____

4 (U. F. Lavras-MG) Uma atitude comum caracteriza a postura literária de autores pré-modernistas, a exemplo de Lima Barreto, Graça Aranha, Monteiro Lobato e Euclides da Cunha.

Pode ser ela definida como:

a) a necessidade de superar, em termos de um programa definido, as estéticas romântica e realista.

b) a pretensão de dar um caráter definitivamente brasileiro à nossa literatura, que julgavam por demais europeizada.

c) a necessidade de fazer crítica social, já que o Realismo havia sido ineficaz nessa matéria.

d) aproveitamento estético do que havia de melhor na herança literária brasileira, desde suas primeiras manifestações.

e) a preocupação com o estudo e com a observação da realidade brasileira.

5 Leia as afirmativas a seguir:

I. Fernando Pessoa, "ele mesmo", é tradicionalista e traz a influência da literatura portuguesa de origem.

II. Intimamente ligado à natureza, Alberto Caeiro escrevia de maneira simples.

III. Ricardo Reis preocupava-se com a brevidade da vida, fazendo com que o *carpe diem* estivesse presente em seus versos.

IV. Álvaro de Campos representa o mundo moderno e a vanguarda futurista.

Estão corretas:

a) I e II.

b) I, II e III.

c) II, III e IV.

d) I e IV.

e) todas as afirmativas.

6 O poema a seguir foi retirado da obra *Mensagem*, de Fernando Pessoa:

O mito é o nada que é tudo.
O mesmo sol que abre os céus
É um mito brilhante e mudo —
O corpo morto de Deus,
Vivo e desnudo.

Este, que aqui aportou,
Foi por não ser existindo.
Sem existir nos bastou.
Por não ter vindo foi vindo
E nos criou.

Assim toda a lenda se escorre
A entrar na realidade,
E a fecundá-la decorre.
Em baixo, a vida, metade,
De nada, morre.

Sabendo que *Mensagem* é uma obra de caráter nacionalista, responda:

a) Qual é o assunto central dessa obra?

b) Como a obra está dividida?

c) Quanto ao gênero literário, qual a diferença entre *Mensagem* e *Os lusíadas*, de Camões?

Semana de Arte Moderna/ Primeira geração modernista

1. Pelo fim da arte encarcerada

O Modernismo no Brasil tem como data inicial o mês de fevereiro de 1922. Entretanto, essa data apenas registra um fato que era há tempos preparado, uma vez que esse movimento já se prefigurava bem antes de 1922. Os pré-modernistas, por exemplo, vinham criticando a alienação da arte diante dos reais problemas nacionais. Alguns intelectuais, sobretudo Oswald de Andrade, encantavam-se com os manifestos artísticos europeus, principalmente com o Futurismo, de Marinetti.

Transformações culturais começaram a ocorrer naquele que podemos chamar de primeiro momento modernista: paródias, exposições de pinturas expressionistas, lançamentos de livros. No dia 12 de dezembro de 1917, Anita Malfatti, que três anos antes surpreendera a crítica com sua exposição de arte, realiza uma segunda exposição, desta vez com motivação expressionista.

A reação da crítica é intensa. Monteiro Lobato, crítico de arte do jornal *O Estado de S. Paulo*, foi o mais mordaz de todos. Sua crônica intitulada "Paranoia ou mistificação?" acabou servindo de motivo para a Semana de Arte Moderna.

Figura 1

Na exposição de 1917, Anita Malfatti contrapõe-se às normas da pintura clássica, mostrando toda a influência do Cubismo e da modernidade em suas obras. *A estudante* foi um de seus quadros expostos.

2. Semana de Arte Moderna

Em 1922, um grupo de intelectuais paulistas procura ajuda da burguesia industrial para financiar um evento que abalaria as estruturas artísticas brasileiras e seria o símbolo de uma renovação estética.

Em uma comissão organizadora liderada por Mário de Andrade, reúnem-se Oswald de Andrade, Graça Aranha, Paulo Prado, Menotti del Picchia, entre outros.

Em três noites de gala, no Teatro Municipal de São Paulo, os jovens artistas, misturados a nomes conhecidos e reverenciados da época, como a pianista Guiomar Novaes e o jovem maestro Heitor Villa-Lobos, fariam desfilar os conceitos e as propostas da arte moderna.

Ronald de Carvalho, em uma das noites, leu "Os sapos", de Manuel Bandeira.

Os sapos

Enfunando os papos,
Saem da penumbra,
Aos pulos, os sapos.
A luz os deslumbra.

Em ronco que aterra,
Berra o sapo-boi:
    "Meu pai foi à guerra!"
    "Não foi!" — "Foi!" — "Não foi!"

O sapo-tanoeiro,
Parnasiano aguado,
Diz: — "Meu cancioneiro
É bem martelado.

[...]

Clame a saparia
Em críticas céticas:
Não há mais poesia,
Mas há artes poéticas".

Urra o sapo-boi:
    "Meu pai foi rei" — "Foi!"
    "Não foi!" — "Foi!" — "Não foi!"

[...]

Manuel Bandeira

3. Desdobramentos da Semana de Arte Moderna

Em março de 1922, ocorre o lançamento da revista *Klaxon*, que concretiza o Modernismo e difunde suas ideias.

Em 1924, publica-se o *Manifesto Pau-Brasil*, de Oswald de Andrade, no *Correio da Manhã*. Um ano depois, ele lança o livro *Pau-Brasil*. Nessa mesma época, Tarsila do Amaral adere ao movimento modernista.

OS MANIFESTOS

No *Manifesto Pau-Brasil*, Oswald de Andrade faz uma paródia da história oficial do Brasil, criticando-a. Esse manifesto traduz os princípios do primeiro momento do Modernismo brasileiro.

Manifesto Pau-Brasil

A poesia existe nos fatos. Os casebres de açafrão e de ocre nos verdes da favela, sob o azul cabralino, são fatos estéticos.

O Carnaval no Rio é o acontecimento religioso da raça. Pau-Brasil. Wagner submerge ante os cordões de Botafogo. Bárbaro e nosso. A formação étnica rica. Riqueza vegetal. O minério. A cozinha. O vatapá, o ouro e a dança. [...]

A poesia para os poetas. Alegria dos que não sabem e descobrem.

[...]

A poesia pau-brasil. Ágil e cândida. Como uma criança.

[...] A língua sem arcaísmos, sem erudição. Natural e neológica. A contribuição milionária de todos os erros. Como falamos.

Como somos.

    Não há luta na terra de vocações acadêmicas. Há só fardas. Os futuristas e os outros.

    Uma única luta — a luta pelo caminho. Dividamos: poesia de importação. E a poesia pau-brasil, de exportação. […]

Em 1925, surge o movimento Verde-Amarelo, ou ainda, Verde-Amarelismo. Menotti del Picchia, Plínio Salgado, Cassiano Ricardo e Guilherme de Almeida buscam na temática nacionalista e ufanista uma forma de criação brasileirista. Suas ideias políticas, porém, associam-se ao integralismo, uma facção brasileira do nazifascismo europeu.

Em 1925, é lançada *A Revista*, que tem como principal articulista Carlos Drummond de Andrade; *Terra Roxa* e *Outras Terras*, em São Paulo, em 1926; *Festa*, no Rio de Janeiro, em 1927 (tendo como colaboradora Cecília Meireles). Em 1927 é lançada a revista *Verde*, em Cataguazes (MG).

Em 1928, Oswald de Andrade lança outro manifesto, intitulado *Manifesto Antropófago*.

A antropofagia de que Oswald se valia era uma metáfora do que ele propunha: repúdio a certas características para que se alcançasse independência cultural. No *Manifesto Antropófago*, há a síntese das conquistas do primeiro momento modernista e o lançamento do lema: "Tupy or not tupy, that is the question".

Figura 2

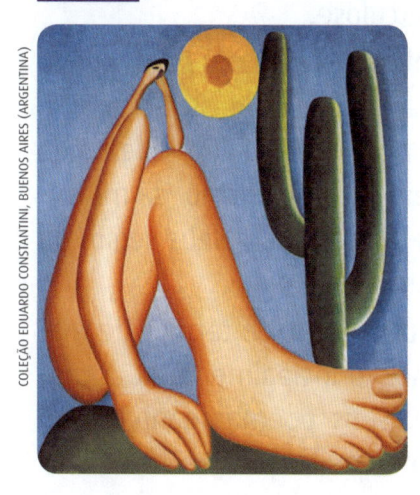

Tarsila do Amaral homenageou Oswald de Andrade com essa obra de arte. *Abaporu* (*aba* = "homem", *poru* = "que come") é o símbolo do movimento antropofágico (óleo sobre tela, 1928).

4. Primeira geração modernista

Aproveitando-se da febre cultural crescente no país, muitos artistas brasileiros iniciavam a busca pela consolidação de uma arte verdadeiramente nacional, desvinculada de valores europeus, rompedora com os modelos preconcebidos, estruturados, alienantes e destruidores da criatividade.

Esses artistas promoverão a liberdade da arte, rompendo com a sintaxe, valorizando a língua brasileira (o coloquialismo, os erros comuns da fala cotidiana), estabelecendo a liberdade formal (versos livres, ausência de rimas, poema-piada), trabalhando o sarcasmo, a ironia, e buscando no folclore as raízes da cultura local. A essa fase deu-se o nome de **fase heroica** ou **de destruição**.

MÁRIO DE ANDRADE

Mário Raul de Morais Andrade escreveu seu primeiro poema aos 11 anos de idade. A consagração da nova estética será atingida em 1922, quando publica *Pauliceia desvairada*, em que critica a elite paulistana, endinheirada e maleducada. O prefácio do livro, intitulado "Prefácio interessantíssimo", é uma síntese de suas propostas modernistas.

Prefácio interessantíssimo

Dans mon pays de fiel et d'or j'en suis la loi.
E. Verhaeren

Leitor: Está fundado o Desvairismo.

Este prefácio, apesar de interessante, inútil…

Alguns dados. Nem todos. Sem conclusões. Para quem me aceita são inúteis ambos. Os curiosos terão prazer em descobrir minhas conclusões, confrontando obra e dados. Para quem me rejeita trabalho perdido explicar o que, antes de ler, já não aceitou.

Quando sinto a impulsão lírica escrevo sem pensar tudo o que meu inconsciente me grita. Penso depois: não só para corrigir, como para justificar o que escrevi. Daí a razão deste prefácio interessantíssimo.

Aliás, muito difícil nesta prosa saber onde termina a blague, onde principia a seriedade. Nem eu sei.

E desculpe-me por estar tão atrasado dos movimentos artísticos atuais. Sou passadista, confesso. Ninguém pode se libertar duma só vez das teorias-avós que bebeu; e o autor deste livro seria hipócrita si pretendesse representar orientação moderna que ainda não compreende bem.

Mário de Andrade

Macunaíma, publicado em 1928, é apontado como a obra-prima de Mário de Andrade. Baseia-se sobretudo no folclore indígena. Nessa obra, o autor cria o "herói de nossa gente", ou ainda o anti-herói. *Macunaíma* representa a crítica ao individualismo.

Algumas das principais obras de Mário de Andrade são: *Há uma gota de sangue em cada poema* (1917); *Pauliceia desvairada* (1922); *Losango cáqui* (1926); *Amar, verbo intransitivo* (1927); *Macunaíma* (1928); *Poesias* (1941), *Lira paulistana* (1946).

OSWALD DE ANDRADE

José Oswald de Sousa Andrade foi o mais radical dos modernistas. A influência sofrida por Marinetti fez dele um grande anarquista cultural. Sua obra é satírica, debochada, com acentuada crítica aos "monstros sagrados" das artes nacionais.

Irreverente e irônico, não perdia a oportunidade de castigar aqueles que não estivessem de acordo com seus ideais revolucionários.

As principais obras de Oswald de Andrade na poesia são: *Pau-Brasil* (1925); *Primeiro caderno do aluno de poesia Oswald de Andrade* (1927); *Cântico dos cânticos para flauta e violão* (1945); *O escaravelho de ouro* (1945). No romance: *Os condenados* (trilogia, 1922-1934); *Memórias sentimentais de João Miramar* (1924); *Serafim Ponte Grande* (1933); *Marco zero* (1943). No teatro: *O rei da vela* (1933); *O homem e o cavalo* (1934); *A morta* (1937).

Pronominais

Dê-me um cigarro
Diz a gramática
Do professor e do aluno
E do mulato sabido
Mas o bom negro e o bom branco
Da Nação Brasileira
Dizem todos os dias
Deixa disso camarada
Me dá um cigarro

Oswald de Andrade

O texto transcrito demonstra um dos mais importantes traços modernistas dessa primeira fase: a valorização da linguagem coloquial.

MANUEL BANDEIRA

Manuel Carneiro de Sousa Bandeira nasceu no Recife e estudou no Rio de Janeiro. Chegou a ingressar na Escola Politécnica para estudar engenharia, mas teve de abandonar o curso por causa da tuberculose.

Em 1917, publicou *A cinza das horas*, ainda com traços parnasianos e simbolistas. A morte, como fio condutor de seu trabalho, é refletida na poesia por meio do pessimismo, da melancolia, da solidão e do tédio. Em seus versos há intimismo e subjetividade.

Há no poeta uma refinada técnica de manipulação de versos, principalmente no tocante ao verso livre. Seus poemas ganham em sonoridade, ritmo e equilíbrio.

Poética

Estou farto do lirismo comedido
Do lirismo bem comportado
Do lirismo funcionário público e com
[livro de ponto expediente protocolo e
[manifestações de apreço ao Sr. diretor

Estou farto do lirismo que para e vai
[averiguar no dicionário o cunho
[vernáculo de um vocábulo
Abaixo os puristas

Todas as palavras sobretudo os
[barbarismos universais
Todas as construções sobretudo as
[sintaxes de exceção
Todos os ritmos sobretudo os inumeráveis

Estou farto do lirismo namorador
Político
Raquítico
Sifilítico
De todo lirismo que capitula ao que quer que
[seja fora de si mesmo.
De resto não é lirismo
Será contabilidade tabela de cossenos
[secretário do amante exemplar com
[cem modelos de cartas e as diferentes
[maneiras de agradar às mulheres etc.

Quero antes o lirismo dos loucos
O lirismo dos bêbedos
O lirismo difícil e pungente dos bêbedos
O lirismo dos *clowns* de Shakespeare

— Não quero mais saber do lirismo que
[não é libertação.

Suas principais obras são: *A cinza das horas* (1917); *Libertinagem* (1930); *Estrela da manhã* (1936); *Estrela da tarde* (1960).

Alcântara Machado, Menotti del Picchia, Guilherme de Almeida, Cassiano Ricardo e Raul Bopp também fizeram parte da primeira geração.

ATIVIDADES

1 Leia as afirmações a seguir:
   I. A Semana de Arte Moderna foi realizada em 1922, ano em que o Brasil comemorava o centenário da Independência. Assim, os realizadores deixaram uma pergunta no ar: "O Brasil é mesmo independente?!".
   II. Vários foram os eventos que antecederam a Semana de 1922, dentre eles, as exposições de Anita Malfatti e Lasar Segall, adeptos das vanguardas europeias.
   III. Mário de Andrade, Oswald de Andrade, Cassiano Ricardo, Raul Bopp e Menotti del Picchia foram alguns dos participantes da Semana de 1922.
   IV. O objetivo central da Semana de 1922 era romper definitivamente com o passado e criar uma arte nova e independente.
   V. A Semana de 1922 foi realizada nas noites dos dias 13, 15 e 17 de fevereiro nas dependências do Teatro Municipal do Rio de Janeiro. A música, a escultura e a arquitetura foram representadas, respectivamente, por Heitor Villa-Lobos, Victor Brecheret e Antônio Moya.
   VI. Humberto de Campos foi o único pré-modernista a participar da Semana de 1922. Após a sua participação, ficou conhecido como "o padrinho dos novos escritores".

Estão corretas as afirmações:
a) I, III, V e VI.
b) II, III e VI.
c) I, II, III e IV.
d) II, III e V.
e) III, IV, V e VI.

2 (FEI-SP) Assinale a afirmação incorreta quanto aos princípios básicos divulgados pelos participantes da Semana de Arte Moderna:

a) Desejo de expressão livre e a tendência para transmitir, sem os embelezamentos tradicionais do academicismo, a emoção e a realidade do país.

b) Rejeição dos padrões portugueses, buscando uma expressão mais coloquial, próxima do falar brasileiro.

c) Combate a tudo que indicasse o *status quo*, o conhecido.

d) Manutenção da temática simbolista e parnasiana.

e) Valorização do prosaico e do humor, que, em todas as suas gamas, lavou e purificou a atmosfera sobrecarregada pelos acadêmicos.

3 (Fatec-SP) A "Carta pras Icamiabas" contrasta, pelo estilo, com os demais capítulos de *Macunaíma*. Afirma-se que a carta escrita pelo herói a suas súditas, no contexto do romance:

I. parodia o estilo parnasiano, o que se constata pela escolha de vocabulário preciosista, pelo tratamento em segunda pessoa do plural e pelo emprego da ordem indireta na frase.

II. ironiza o artificialismo parnasiano, cuja poesia desprezava soluções coloquiais, próximas da língua falada.

III. expressa, pela ironia, a tese modernista da incorporação de contribuições do linguajar do imigrante, integrado à população nacional.

IV. representa o antimodernismo, pois traz soluções de linguagem e de estilo que o Modernismo negou, em nome da nacionalização da língua literária.

São corretas as afirmações:

a) I, II, III e IV.
b) I e IV apenas.
c) I, II e III apenas.
d) II e IV apenas.
e) I, II e IV apenas.

4 Uma das características centrais da geração modernista de 1922 era o nacionalismo crítico, como podemos comprovar no poema "Erro de português", de Oswald de Andrade:

Quando o português chegou
Debaixo duma bruta chuva
Vestiu o índio
Que pena!
Fosse uma manhã de sol
O índio tinha despido o português.

Qual o sentido dos verbos "vestir" e "despir" no contexto do poema?

_____
_____
_____
_____
_____
_____

EXERCÍCIOS COMPLEMENTARES

1 (UFGO) O projeto estético-ideológico do Modernismo tem no livro *Macunaíma*, de Mário de Andrade, uma de suas maiores realizações. Com base nessa afirmação, julgue (V ou F) as proposições.

I. O denominador comum da obra é o interesse pela variedade cultural do povo brasileiro, somado a uma desconstrução da linguagem literária acadêmica, mediante sobretudo à valorização da diversidade da língua nacional.

II. A construção da rapsódia combina procedimentos formais da vanguarda, como a justaposição (colagem) de lendas e mitos populares de origem variada, com um esforço de interpretação do país, sobressaindo a questão da identidade nacional.

III. A interpretação de vestígios primitivistas, presentes na cultura brasileira, obedece a esquemas naturalistas, ora com o tratamento cientificista das lendas folclóricas, ora com a reafirmação de teses deterministas, numa evidente condenação da mestiçagem.

IV. A perspectiva regionalista prevalece na obra, visto que o registro bruto da linguagem do homem rústico, a descrição detalhada de usos e costumes do brasileiro típico e o deslumbramento diante da paisagem natural demonstram um sentimento nacionalista entorpecido pelas belezas nacionais.

2 (U. F. Santa Maria-RS) Assinale a afirmativa incorreta com relação a *Macunaíma*, de Mário de Andrade.
a) É uma rapsódia em que vários mitos e lendas indígenas são reunidos numa história rocambolesca.
b) O protagonista, herói sem nenhum caráter, representa o homem brasileiro, fruto da miscigenação.
c) O protagonista, personagem complexa, é um exemplo de indivíduo em busca de suas origens que, na história, passa por diversas peripécias.
d) É uma obra que reúne elementos da cultura brasileira de diversas origens, uma narrativa que busca realizar ideais estéticos da segunda fase do Modernismo.
e) É uma rapsódia que congrega diversas manifestações culturais, lendas e rituais, para contar um pouco da cultura brasileira.

3 (ITA-SP) Leia os textos seguintes, de Oswald de Andrade, extraídos de *Poesias reunidas* (Rio de Janeiro: Civilização Brasileira, 1978).

Vício na fala

Para dizerem milho dizem mio
Para melhor dizem mió
Para pior pió
Para telha dizem teia
Para telhado dizem teiado
E vão fazendo telhados

Pronominais

Dê-me um cigarro
Diz a gramática
Do professor e do aluno
E do mulato sabido
Mas o bom negro e o bom branco
Da Nação brasileira
Dizem todos os dias
Deixa disso camarada
Me dá um cigarro

Esses poemas:
I. mostram claramente a preocupação dos modernistas com a construção de uma literatura que levasse em conta o português brasileiro.
II. mostram que as variantes linguísticas, ligadas a diferenças socioeconômicas, são todas válidas.
III. expõem a maneira cômica com que os modernistas, por vezes, tratavam de assuntos sérios.
IV. possuem uma preocupação nacionalista, ainda que não propriamente romântica.

Estão corretas as afirmações:
a) I e IV.
b) I, II e III.
c) I, II e IV.
d) I, III e IV.
e) todas.

4 Leia o poema "Andorinha", de Manuel Bandeira:

Andorinha lá fora está dizendo:
Passei o dia à toa, à toa...
Andorinha, andorinha, a minha cantiga é
[mais triste,
Passei a vida à toa, à toa!

Sabendo que Manuel Bandeira fez de sua doença, a tuberculose, um dos motivos centrais da sua poesia, responda: Qual é o tema central do poema transcrito?

5 Leia as afirmações seguintes e julgue (V ou F):

I. A geração de 1922 lutou por uma língua brasileira, com os seus erros e vícios gramaticais.

II. Uma das propostas da geração de 1922 era o rompimento com o passado, voltando-se para temáticas do presente.

III. Os autores da geração de 1922 valorizavam a burguesia, já que muitos representantes, como Oswald de Andrade, Antônio de Alcântara Machado e Menotti del Picchia, eram típicos representantes dessa classe social.

IV. Os autores da geração de 1922 preocuparam-se com uma identidade cultural, valorizando, principalmente, o folclore brasileiro, como podemos notar em obras como *Macunaíma*, de Mário de Andrade, *Cobra Norato*, de Raul Bopp, e *Martim Cererê*, de Cassiano Ricardo.

V. Uso do verso livre, como forma de combate ao academicismo, simbolizado pelo soneto.

VI. Carlos Drummond de Andrade, expoente da geração de 1922, ficou conhecido como *o poeta-maior*.

6 Todos os seguintes poetas fizeram parte da chamada geração de 1922 do Modernismo brasileiro, exceto:

a) Guilherme de Almeida.
b) Cassiano Ricardo.
c) Manuel Bandeira.
d) Raul Bopp.
e) Carlos Drummond de Andrade.

Segunda geração modernista

1. Fase de construção

A Era Vargas (1930-1945) e a Segunda Guerra Mundial marcaram a produção literária da segunda geração modernista. A poesia e a prosa, revestidas de forte engajamento político, serviram de instrumentos de denúncia da realidade brasileira.

O aprimoramento da linguagem passou a ser a maior preocupação dos autores dessa geração. Era necessário dar contornos definitivos à arte brasileira e criar valores com base no alicerce fincado pela primeira geração. A essa fase deu-se o nome de **fase de construção**.

Os autores da segunda geração tornaram sólidos os conceitos artísticos defendidos pela primeira geração baseados em uma linguagem e inspiração nacionais. A segunda geração valorizou a liberdade conquistada pela geração de 1922, a ponto de propor ao artista não apenas o uso dos versos livres e brancos, mas também das formas fixas e tradicionais.

2. A poesia da segunda geração

A **fase de construção** caracterizou-se pela multiplicação de temas e tendências literárias. O conteúdo não negou a modernidade anterior, mas se diversificou. O **nacionalismo** não vinha mais apenas de um espírito de época, mas de uma necessidade de reconhecer os valores populares, regionais e folclóricos dentro de um contexto sociopolítico. A **temática sociopolítica** encontra em Carlos Drummond de Andrade e Murilo Mendes praticantes capazes de conscientizar sem perder a qualidade estética. O **espiritualismo católico** foi praticado por Cecília Meireles, Augusto Frederico Schmidt, Jorge de Lima, Murilo Mendes, Vinicius de Moraes, Tasso da Silveira.

Os temas existenciais e metafísicos representam a busca de uma saída para o impasse de um tempo marcado pelos males sociais e políticos. O questionamento do estar-no-mundo e o confronto entre o eu e o mundo conduziram a poesia de 1930 a uma busca de explicação para o papel do artista diante da realidade vivida.

A preocupação com a explicação da poesia como fenômeno de criação e a necessidade de consciência sobre a própria obra levaram os poetas ao emprego da **metalinguagem**, como neste poema de Drummond:

Consideração do poema

Não rimarei a palavra sono
com a incorrespondente palavra outono.
Rimarei com a palavra carne
ou qualquer outra, que todas me convêm.
As palavras não nascem amarradas,
elas saltam, se beijam, se dissolvem,
no céu livre por vezes um desenho,
são puras, largas, autênticas, indevassáveis.
[...]

CARLOS DRUMMOND DE ANDRADE

Carlos Drummond de Andrade consegue reunir em sua obra o humor, a ironia, o existencialismo e a crítica sociopolítica. Estreou em 1930, com *Alguma poesia*, depois de ter causado escândalo com o poema "No meio do caminho", publicado na *Revista de Antropofagia*.

No meio do caminho

No meio do caminho tinha uma pedra
tinha uma pedra no meio do caminho
tinha uma pedra
no meio do caminho tinha uma pedra.

Nunca me esquecerei desse acontecimento
na vida de minhas retinas tão fatigadas.
Nunca me esquecerei que no meio do
[caminho
tinha uma pedra
tinha uma pedra no meio do caminho
no meio do caminho tinha uma pedra.

Drummond é tradutor das adversidades da existência e crítico mordaz da passividade humana. Há em sua poesia uma ironia constante. O poeta é cáustico, racional e frio na análise do comportamento humano; apresenta um traço memorialista crítico, pendendo para o ceticismo em relação a si mesmo e a todo o universo humano.

Sua poesia pode ser dividida em nove temas centrais, dentre os quais se destacam "o indivíduo", "a terra natal", "a família", "o choque social", "o conhecimento amoroso", "a própria poesia" e uma tentativa de interpretação do "estar-no-mundo".

Confidência de um itabirano

Alguns anos vivi em Itabira.
Principalmente nasci em Itabira.
Por isso sou triste, orgulhoso: de ferro.
Noventa por cento de ferro nas calçadas.
Oitenta por cento de ferro nas almas.
E esse alheamento do que na vida é
[porosidade e comunicação.
[...]

Minas Gerais, principalmente Itabira, sua terra natal, ganha contornos universais. Drummond traça o passado e o presente como concepções meramente situacionais.

Com relação ao amor, o poeta tem um posicionamento crítico; para ele, a emoção é coadjuvante.

Quadrilha

João amava Teresa que amava Raimundo
que amava Maria que amava Joaquim
[que amava Lili,
que não amava ninguém.
João foi para os Estados Unidos, Teresa
[para o convento,
Raimundo morreu de desastre, Maria
[ficou para tia,
Joaquim suicidou-se e Lili casou com
[J. Pinto Fernandes,
que não tinha entrado na história.

Destacam-se entre as principais obras de Drummond: *Alguma poesia* (1930), *Brejo das almas* (1934), *Sentimento do mundo* (1940), *A rosa do povo* (1945), *Claro enigma* (1951), *Fazendeiro do ar & poesia até agora* (1954), *Lição de coisas* (1962), *As impurezas do branco* (1973), *Menino antigo* (1973), *Amor, amores* (1975), *O amor natural* (1992), *A vida passada a limpo* (1994), *Farewell* (1996).

MURILO MENDES

Murilo Monteiro Mendes é um dos principais representantes da segunda geração modernista brasileira. Nota-se em seus trabalhos uma diversidade de influências e tendências estéticas. O primeiro momento de sua obra apresenta um poeta ligado aos preceitos da primeira geração modernista.

Murilo Mendes é considerado o poeta da imagética, ou seja, há em seus versos uma nítida presença de elementos visuais, com forte ascendência das artes plásticas.

JORGE DE LIMA

Depois de um início neoparnasiano, Jorge de Lima adere ao Modernismo. Há duas fases distintas em seu momento modernista: na primeira, chamada "fase negra" ou ainda "fase nordestina", impera a temática popular e africana; sua conversão ao catolicismo marcará o segundo momento de seu trabalho.

CECÍLIA MEIRELES

Cecília Benevides de Carvalho Meireles nasceu no Rio de Janeiro. Sua poesia reflete a influência pós-simbolista, daí a tendência introspectiva, intimista, e a musicalidade, que marcaram a maioria de suas obras. Além disso, Cecília Meireles ultrapassa as marcas coletivas de sua geração, não seguindo rigidamente nenhuma corrente do Modernismo brasileiro, preferindo buscar sua independência por meio da realização de uma poesia de vocação lírica e mística.

Há, em seus versos, um lirismo profundo e essencial, o que mostra ser sua poesia, ainda, antipitoresca e antiprosaica. De certo modo, seus textos parecem contrariar as tendências cotidianas e prosaicas dos modernistas de 1922. Os temas principais são o caráter passageiro da existência, a morte, a solidão e a renúncia do mundo em favor da solidão e do silêncio. Cecília Meireles empregou também em sua poesia tanto as formas consagradas pela tradição — os metros regulares, os ritmos e acentos quase clássicos ou mesmo estrofes de cunho popular — quanto formas mais livres da modernidade.

De todas as publicações de Cecília Meireles, *Romanceiro da Inconfidência* é a única que mostra o rompimento do círculo do próprio "eu" para criar uma poesia impessoal, mais identificada com o mundo exterior do que com o íntimo. Ainda assim, certas projeções subjetivas rompem com a retratação da cena histórica ou dos fatos verídicos para traduzir a leitura pessoal da autora sobre a visão histórica.

Romance LIII ou das palavras aéreas

Ai, palavras, ai, palavras,
que estranha potência, a vossa!
Ai, palavras, ai, palavras,
sois de vento, ides no vento,
no vento que não retorna,
e, em tão rápida existência,
tudo se forma e transforma!
Sois de vento, ides no vento,
e quedais, com sorte nova!
[...]
Ai, palavras, ai, palavras,
que estranha potência a vossa!
Éreis um sopro na aragem...
— sois um homem que se enforca!

VINICIUS DE MORAES

O início do trabalho literário de Vinicius de Moraes não foi muito diferente do dos demais poetas da segunda geração modernista brasileira. Influenciado pelo neossimbolismo — a chamada corrente espiritualista —, apresenta um tom bíblico demonstrado tanto nas epígrafes dos poemas como nos versos.

Em sua obra *Cinco elegias* (1943), Vinicius inicia a ruptura com a fase mística, adotando uma linguagem mais coloquial e mais sensual. As contradições existenciais são marcas constantes na sua obra. Há uma preferência pelos sonetos, estilo que marca a sua trajetória.

Soneto de fidelidade

De tudo, ao meu amor serei atento
Antes, e com tal zelo, e sempre, e tanto
Que mesmo em face do maior encanto
Dele se encante mais meu pensamento.

Quero vivê-lo em cada vão momento
E em seu louvor hei de espalhar meu canto
E rir meu riso e derramar meu pranto
Ao seu pesar ou seu contentamento.

E assim, quando mais tarde me procure
Quem sabe a morte, angústia de quem vive
Quem sabe a solidão, fim de quem ama

Eu possa me dizer do amor (que tive):
Que não seja imortal, posto que é chama
Mas que seja infinito enquanto dure.

3. A prosa da segunda geração

A quebra da Bolsa de Valores de Nova York, em 1929, o fim da política "café com leite", a Coluna Prestes e os ideais comunistas tiveram papel importante na formação literária desse momento.

A prosa de ficção da geração de 1930 apresentou duas tendências principais: o **regionalismo do nordeste** e o **romance psicológico**. Em ambas as correntes, o engajamento nas questões sociais, políticas e culturais marcou esse momento. Surgidos a partir da publicação de *A bagaceira* (1928, de José Américo de Almeida), os **romances regionalistas** da década de 1930 revelaram a intenção de denunciar os problemas vividos pelo homem nordestino: miséria, exploração, seca, êxodo rural, coronelismo, cangaço e declínio da lavoura canavieira. Destacam-se, entre os representantes desta época, José Américo de Almeida, Rachel de Queiroz, Jorge Amado, José Lins do Rego e Graciliano Ramos.

Figura 1

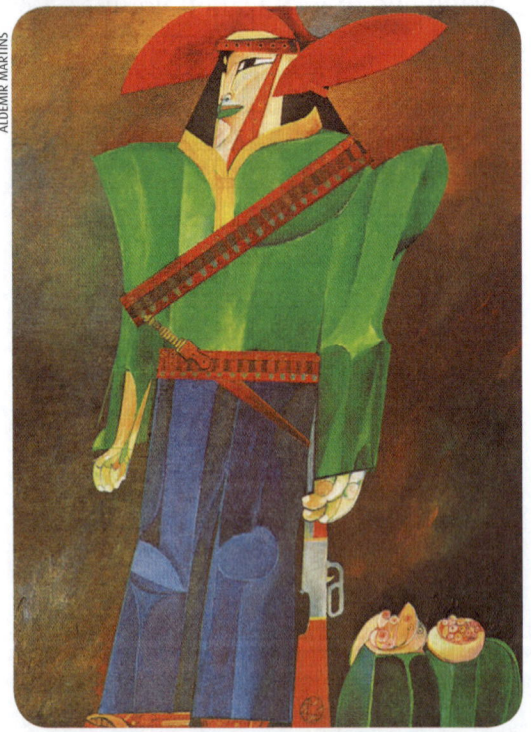

As características regionalistas também são vistas nas artes plásticas. Em seu regionalismo, Aldemir Martins apresenta uma atmosfera cheia de cor intensa ao retratar o cangaceiro nordestino.

Os **romances psicológicos** surgem no eixo Rio-São Paulo e enfocam, pela análise psíquica, o conflito do homem no meio urbano. Houve também outros autores nesse período, como Érico Veríssimo, Lúcio Cardoso, Otávio de Farias, Cyro dos Anjos, Dyonélio Machado, entre outros.

GRACILIANO RAMOS

Desde seu primeiro romance, *Caetés*, publicado em 1933, Graciliano Ramos mostra-se como um autor diferenciado de seus companheiros de geração. Graciliano está inserido na segunda fase do Modernismo, no regionalismo nordestino; entretanto, ultrapassa essas tendências. Seu regionalismo apresenta qualidades e perspectivas universais. As narrativas de escavação psicológica das personagens aproximam-no de Machado de Assis e do Realismo.

O estilo de Graciliano é sempre enxuto, de vocabulário econômico, de sintaxe rigorosa. A concisão cria um estilo seco, bem de acordo com o cenário de seus romances. Seu pessimismo é fatalista, o que demonstra a ausência de saída para suas personagens. O círculo vicioso da existência impede seus protagonistas de chegarem a um final feliz.

JOSÉ LINS DO REGO

O memorialismo e a observação são as principais características do trabalho de José Lins do Rego, que enfatiza a decadência da sociedade patriarcal nordestina, analisando-a sob a luz de um lirismo saudoso. A crítica aos valores e às desigualdades sociais é suavizada em suas obras; o tom protestatório tem menor destaque.

A obra de José Lins pode ser dividida em três ciclos distintos: o ciclo da cana-de-açúcar; o ciclo do cangaço, misticismo e seca; e obras independentes, com implicação nos dois ciclos anteriores ou desvinculadas de qualquer ciclo.

Suas obras de maior destaque são: *Menino de engenho*, *Doidinho*, *Banguê*, *Usina* e *Fogo morto*, todas fazendo parte do ciclo da cana-de-açúcar.

RACHEL DE QUEIROZ

Rachel de Queiroz estreia na literatura com apenas 20 anos. Suas obras iniciais tematizam a seca, o coronelismo e a miséria humana, sem perder o traço psicológico do homem da terra, que, diante da fatalidade existencial, acaba se conformando com sua condição de pobreza.

O romance *O quinze*, sua obra-prima, retrata o drama da seca e dos retirantes de forma pessoal e intensa.

Rachel de Queiroz demonstrou uma oscilação quanto à abordagem política de sua obra. O ímpeto esquerdizante inicial foi amoldando-se a posturas mais conservadoras e menos enfáticas, sobretudo nas crônicas. O fato é que ela nunca perdeu o trato psicológico do ser humano, a agudeza nos detalhes, a precisão na análise.

Suas principais obras são: *O quinze* (1930); *João Miguel* (1932); *Caminho de pedras* (1937); *As três Marias* (1939); *Galo de ouro* (1986); *Memorial de Maria Moura* (1992).

JORGE AMADO

A obra de Jorge Amado pode ser dividida em dois momentos diferentes: antes e depois de *Gabriela, cravo e canela*.

No primeiro momento, Jorge Amado identifica-se com os ideais denuncistas e combate as desigualdades sociais e a miséria humana. Centraliza a temática na região cacaueira baiana e traça um painel do sofrimento de sua gente. Deste momento, destacam-se *Cacau* (1933), *Suor* (1934), *Jubiabá* (1935), *Mar morto* (1936), *Capitães da areia* (1937), *Terras do sem-fim* (1942), *São Jorge dos Ilhéus* (1944) e *Seara vermelha* (1946).

O escritor baiano repassa o sentimento adverso provocado pela observação da pobreza e da miséria. Seu maior engano é o deslocamento do eixo de interesses temáticos por desvios desnecessários, como o sincretismo religioso exagerado, o apelo folclórico inadequado, um tom sensual pouco apropriado ou mesmo uma conclusão maniqueísta (que o próprio Jorge Amado criticaria anos mais tarde), em que o coronel é sempre mau e o trabalhador oprimido é sempre bom.

Em *Gabriela, cravo e canela*, Jorge Amado descobre o jeito fácil de conquistar leitores: a trama simples, o sensualismo, o mistério sincrético, o folclore adornador, a pouca elaboração na profundidade das personagens, a exploração do exótico, o erotismo transbordante.

ÉRICO VERÍSSIMO

Há três momentos distintos na obra de Érico Veríssimo: no primeiro, caracterizado pelo chamado romance urbano, o autor monta o perfil da sociedade burguesa gaúcha, notadamente a de Porto Alegre, em que traça o panorama da vida social portoalegrense, enfatizando o caráter ético de suas relações. O primeiro livro dessa fase é *Clarissa*, que lhe trouxe fama e consagração de público e crítica.

As outras obras deste período são: *Caminhos cruzados*; *Música ao longe*; *Um lugar ao sol*; *Olhai os lírios do campo*; *O resto é silêncio*.

O segundo momento da obra de Érico Veríssimo prende-se ao chamado romance épico, em que a historiografia se confunde com a ficção. Nele, o autor narra a formação do povo gaúcho em três obras diferentes: *O continente*, *O retrato* e *O arquipélago*, reunidas em um conjunto denominado *O tempo e o vento*.

O terceiro momento da obra de Érico Veríssimo é marcado pelo uso da alegoria na composição de romances de caráter político. Em plena era da ditadura militar de 1964, por meio de alegorização, o autor posiciona-se criticamente em relação à política brasileira que vigorava. *Incidente em Antares* é o romance mais popular desse período de criação.

ATIVIDADES

1 Leia o primeiro quarteto do "Soneto de fidelidade", de Vinicius de Moraes, e responda ao que se pede.

> De tudo, ao meu amor serei atento
> Antes, e com tal zelo, e sempre, e tanto
> Que mesmo em face do maior encanto
> Dele se encante mais meu pensamento.

a) O poeta, no período inicial, usou de uma figura de linguagem bastante empregada por Camões, em sua obra-maior *Os lusíadas*. De que figura se trata?

b) Escreva o período em sua ordem direta.

c) No segundo verso há uma figura de linguagem cujo objetivo é dar lentidão à leitura. Qual é essa figura?

d) Faça a escansão (metrificação) do primeiro verso. Qual é a sua medida?

2 (Unicamp-SP) Leia este poema de Cecília Meireles:

Desenho

> Traça a reta e a curva,
> a quebrada e a sinuosa
> Tudo é preciso.
> De tudo viverás.
> Cuida com exatidão da perpendicular
> e das paralelas perfeitas.
> Com apurado rigor.
> Sem esquadro, sem nível, sem fio de
>   [prumo,
> Traçarás perspectivas, projetarás estruturas.
> Número, ritmo, distância, dimensão.
> Tens os teus olhos, o teu pulso, a tua
>   [memória.
> Construirás os labirintos impermanentes
> que sucessivamente habitarás.
> Todos os dias estás refazendo o teu
>   [desenho.

Não te fatigues logo. Tens trabalho para
[toda a vida.
E nem para o teu sepulcro terás a medida
[certa.
Somos sempre um pouco menos do que
[pensávamos.
Raramente, um pouco mais.

> MEIRELES, Cecília. O estudante empírico. In: SECCHIN, Antonio Carlos (org.). *Poesia completa*. Rio de Janeiro: Nova Fronteira, 2001.

a) Tanto o título quanto as imagens do poema remetem a um domínio do conhecimento humano. Que domínio é esse?

b) Em que sentido são empregadas tais imagens no poema?

c) Esse sentido acaba por ser contrariado ao longo do poema? Responda sim ou não e justifique a resposta.

3 (PUC-PR) Após a leitura do trecho citado, assinale a alternativa correta para analisar *São Bernardo*, de Graciliano Ramos.

— Bater assim num homem! Que horror!

Julguei que ela se aborrecesse por outro motivo, pois aquilo era uma frivolidade.

— Ninharia, filha. Está você aí se afogando em pouca água. Essa gente faz o que se manda, mas não vai sem pancada. E Marciano não é propriamente um homem.

— Por quê?

— Eu sei lá. Foi vontade de Deus. É um molambo.

— Claro. Você vive a humilhá-lo.

— Protesto! exclamei alterando-me. Quando o conheci, já ele era molambo.

— Provavelmente porque sempre foi tratado a pontapés.

— Qual nada! É molambo porque nasceu molambo.

a) A visão determinista do latifundiário propõe a imobilidade social para que, assim, ele possa exercer seu poder e arbitrariedade.

b) O diálogo entre Paulo Honório e sua esposa reproduz a diferença de caráter dos dois e que será a causa de sua separação conjugal.

c) Paulo Honório, como latifundiário prepotente, demonstra o rigor que é preciso ter com os empregados da fazenda para que sua autoridade seja preservada.

d) A falta de harmonia entre o casal demonstra que este romance de Graciliano Ramos tem como tema central as dificuldades de relacionamento conjugal.

e) O humanismo de sua esposa, d. Glória, permite manter o conflito entre as personagens, a fim de levar à derrota final do protagonista.

4 Leia as afirmações seguintes e assinale aquelas que se referem verdadeiramente a Érico Veríssimo, representante da geração de 1930 na prosa modernista:

I. *Incidente em Antares* é exemplo de realismo-fantástico, tendo como protagonistas sete personagens insepultos.

II. *O tempo e o vento* é um romance histórico, constituído pela trilogia *O continente*, *O retrato* e *O arquipélago*.

III. *Olhai os lírios do campo*, *Um lugar ao sol* e *Clarissa* são romances sociais, com destaque para a personalidade marcante das mulheres: Olívia, Fernanda e Clarissa.

IV. Além da literatura adulta, Érico Veríssimo também se enveredou pela literatura infantil, escrevendo, dentre outros, *O urso com música na barriga*.

V. Com *Os ratos*, Érico Veríssimo explora o romance psicológico, tendo como protagonista Naziazeno, que sai desesperadamente em busca do dinheiro para quitar a dívida com o leiteiro.

VI. Érico Veríssimo é considerado mais um contador de histórias do que propriamente um romancista, daí a sua enorme popularidade.

a) I, II, III e VI
b) II, III e V
c) I, II, III, IV e VI
d) III, V e VI
e) II, IV, V e VI

EXERCÍCIOS COMPLEMENTARES

1 Leia o poema "Memória", de Carlos Drummond de Andrade:

Amar o perdido
Deixa confundido
Este coração.

Nada pode o olvido
Contra o sem sentido
Apelo do Não.

As coisas tangíveis
Tornam-se insensíveis
À palma da mão.

Mas as coisas findas,
Muito mais que lindas,
Essas ficarão.

Assinale a alternativa que não condiz com o poema lido:

a) Todos os versos são pentassílabos, isto é, apresentam cinco sílabas poéticas.
b) "Não", no poema, deixou de ser um advérbio de negação, ganhando *status* de substantivo.
c) "Este coração" está no sentido metafórico, referindo-se ao próprio eu lírico.
d) As duas últimas estrofes são exemplos de paradoxos, pois apresentam contradições.
e) Para o eu lírico, o que passou já não tem mais sentido e deve ser, para sempre, olvidado.

2 Leia o poema "Motivo", de Cecília Meireles, um dos maiores nomes da geração de 1930 do Modernismo brasileiro, e responda ao que se pede:

Eu canto porque o instante existe
E minha vida está completa,
Não sou alegre nem sou triste,
Sou poeta.

Irmão das coisas fugidias,
Não sinto gozo nem tormento,
Atravesso noites e dias,
No vento.

Se desmorono ou se edifico,
Se permaneço ou me desfaço,
Não sei, não sei... Não sei se fico
Ou passo.

Sei que canto e a canção é tudo,
Tem sangue eterno a asa ritmada,
E um dia sei que estarei mudo,
Mais nada.

a) Com relação à medida dos versos, há uma regularidade métrica? Em caso afirmativo, qual?

b) Há no poema, nitidamente, dois temas caros à poesia de Camões. Cite-os, exemplificando com elementos do texto.

c) A musicalidade é outra característica frequente na poesia de Cecília Meireles, muito comum em outra escola literária. Que escola é essa? E que poeta, pertencente a esse movimento, exerceu forte influência sobre a poesia de Cecília Meireles?

3 Assinale a alternativa em que aparece um trecho que não pode ser creditado a qualquer escritor da prosa modernista dos anos 1930.

a) "Já não pareciam condenados a trabalhos forçados: assimilavam o interesse da produção. E o senhor de engenho premiava-lhes as iniciativas, adquirindo-lhes os produtos a bom preço."

b) "Clape-clape. As alpercatas batiam no chão rachado. O corpo do vaqueiro derreava-se, as pernas faziam dois arcos, os braços moviam-se desengonçados. Parecia um macaco. Entristeceu. Considerar-se plantado em terra alheia! Engano."

c) "Toda a gente tinha achado estranha a maneira como o capitão Rodrigo Cambará entrara na vila de Santa Fé.

Um dia chegou a cavalo, vindo ninguém sabia de onde, com o chapéu barbicado puxado para a nuca, a bela cabeça de macho altivamente erguida, e aquele seu olhar de gavião que irritava e ao mesmo tempo fascinava as pessoas."

d) "Explico ao senhor: o diabo vive dentro do homem, os crespos do homem — ou é o homem arruinado, ou o homem dos avessos. Solto, por si, cidadão, é que não tem diabo nenhum. Nenhum! — é o que digo. O senhor aprova? Me declare tudo, franco — é alta mercê que me faz: e pedir posso, encarecido. Este caso — por estúrdio que me vejam — é de minha certa importância."

e) "Antônio Balduíno fala. Ele não está fazendo discurso, gente. Está é contando o que viu na sua vida de malandro. Narra a vida dos camponeses nas plantações de fumo, o trabalho dos homens sem mulheres, o trabalho das mulheres nas fábricas de charuto. Perguntem ao Gordo se pensarem que é mentira. Conta o que viu. Conta que não gostava de operário, de gente que trabalhava."

4 (Vunesp) Com base no trecho a seguir, assinale a alternativa correta.

> Conheci que Madalena era boa em demasia, mas não conheci tudo de uma vez. Ela se revelou pouco a pouco, e nunca se revelou inteiramente. A culpa foi minha, ou antes, a culpa foi desta vida agreste, que me deu uma alma agreste. E, falando assim, compreendo que perco o tempo. Com efeito, se me escapa o retrato moral de minha mulher, para que serve esta narrativa? Para nada, mas sou forçado a escrever.
>
> Quando os grilos cantam, sento-me aqui à mesa da sala de jantar, bebo café, acendo o cachimbo. Às vezes as ideias não vêm, ou vêm muito numerosas — e a folha permanece meio escrita, como estava na véspera. Releio algumas linhas, que me desagradam. Não vale a pena tentar corrigi-las. Afasto o papel.

a) Esse trecho é do romance *São Bernardo*, de Graciliano Ramos. O narrador é a personagem central do livro. Ele começa a refletir sobre a própria vida a partir da morte de Madalena, sua esposa.

b) Trata-se do romance de Machado de Assis, *Dom Casmurro*, em que o narrador revê sua vida após a morte de sua esposa.

c) Nesse trecho de *Grande sertão: veredas*, Guimarães Rosa fala do sertão. O narrador é um cangaceiro que relembra a vida que teve com a mulher antes de ela ter morrido.

d) O autor desse trecho é José Lins do Rego. Em seu romance *Fogo morto*, conta a história de José Amaro, o artesão que se orgulha de sua profissão, mas que se sente enfraquecido após a morte da esposa.

e) O trecho apresentado fala da angústia de escrever. Um homem rude tenta passar sua vida a limpo, contando a própria história. Esse é o assunto do romance *A bagaceira*, de José Américo de Almeida.

5 (U. F. Uberlândia-MG) O texto a seguir apresenta uma passagem do romance *Vidas secas*, de Graciliano Ramos, em que Fabiano é focalizado em um momento de preocupação com sua situação econômica. Escrita em 1938, essa obra insere-se num momento em que a literatura brasileira centrava seus temas em questões de natureza social.

> Se eu pudesse economizar, durante alguns meses, levantaria a cabeça. Forjava planos. Tolice, quem é do chão não se trepa. Consumidos os legumes, roídas as espigas de milho, recorria à gaveta do amo, cedia por preço baixo o produto das sortes. Resmungava, rezingava, numa aflição, tentando espichar os recursos minguados, engasgava-se, engolia em seco.

Sobre esse trecho do romance, somente está incorreto o que se afirma na alternativa:

a) Este trecho resume a situação de permanente pobreza de Fabiano e revela-se como uma crítica à economia brasileira e às relações de trabalho que vigoravam no sertão nordestino no momento em que a obra foi criada. Isso pode ser confirmado pelas orações: "... Consumidos os legumes, roídas as espigas de milho, recorria à gaveta do amo, cedia por preço baixo o produto das sortes...".

b) A oração: "Se pudesse economizar durante alguns meses, levantaria a cabeça" tanto pode ser o discurso do narrador que revela o pensamento de Fabiano, quanto pode ser o próprio pensamento dessa personagem. Esse modo de narrar também ocorre com as demais personagens do romance.

c) A oração: "... Resmungava, rezingava, numa aflição, tentando espichar os recursos minguados, engasgava-se, engolia em seco" indica a voz do narrador em terceira pessoa, ao mostrar o estado de agonia em que se encontra a personagem.

d) A expressão: "Forjava planos", típica da linguagem culta, é seguida no texto por um provérbio popular: "quem é do chão não se trepa". Essa mudança de registro linguístico é reveladora do método narrativo de *Vidas secas*, que subordina a voz das classes populares à da elite.

e) O texto tem início com a esperança de Fabiano de mudança em sua situação econômica; a seguir, passa a focalizar a realidade de pobreza em que a personagem se encontra, e finaliza com sua revolta e angústia diante da condição de empregado, sempre em dívida com o patrão.

6 Leia as afirmações a seguir, sobre José Lins do Rego:

I. Carlos Melo, personagem dos romances pertencentes ao chamado ciclo da cana-de-açúcar é uma espécie de alterego do escritor.

II. Sua obra maior é *Fogo morto*, retratando a ascensão, o apogeu e a decadência do engenho Santa Fé.

III. Em *Doidinho*, percebemos uma nítida influência de *O Ateneu*, de Raul Pompeia, já que o cenário é um colégio interno.

IV. Em *Menino de engenho*, Carlos Melo passa a viver no engenho Santa Rosa, do avô José Paulino. É o primeiro romance de uma saga que se completará com a publicação de *Usina*.

V. Em *Banguê*, termo usado para designar engenho decadente, o protagonista é o coronel Lula de Holanda Chacon, uma espécie de "dom Quixote do Nordeste".

VI. *O quinze* e *João Miguel* fazem parte do ciclo da seca ou do cangaço.

Estão corretas as afirmações:

a) II, IV e V
b) III, IV e VI
c) I, III e VI
d) I, II, IV e V
e) I, II, III e IV

Terceira geração modernista

1. A arte em tons nacionais

O fim da Segunda Guerra Mundial levou o mundo ao chamado universo bipolar, ou seja, comunismo e capitalismo confrontam-se em ações diretas, como a Guerra da Coreia, a do Vietnã, a tomada de Cuba e tantas outras, ou, mesmo de forma subliminar, a chamada Guerra Fria. Esses desdobramentos causaram profundas alterações no conceito e na estética da arte brasileira.

A redemocratização em 1945 apontava para o ressurgimento da liberdade criadora. A volta de Vargas ao poder em 1950, dessa vez legitimamente conduzida pelo voto popular, trazia insatisfação e insegurança aos intelectuais brasileiros. Juscelino Kubitschek, Jânio Quadros e João Goulart conseguiram abrandar os ânimos, prometendo o país do futuro. O golpe militar de 1964 e, mais tarde, o AI-5, em 1968, impondo a censura aos meios de comunicação, promoveram o aniquilamento da arte como instrumento de transformação e crescimento.

A arte que surge a partir de 1945 ganha novos contornos e novas linguagens, com tons acentuadamente nacionais. O teatro, a música, o rádio e a televisão passam a disputar espaço com a literatura e ganham o gosto popular.

2. A poesia

Os poetas que vieram após 1945 apresentaram características bem distintas das dos poetas da segunda geração. Num primeiro momento, retomaram o rigor formal, a métrica, posicionando-se contrariamente ao estabelecido pelos "destruidores" da primeira geração.

O novo grupo apareceu como uma espécie de negação ao Modernismo. Denominados neoparnasianos ou neorromânticos, foram alvo de críticas. Buscavam, entretanto, uma reestruturação na criação poética, fundindo estética com amplitude temática, fundamentada no conteúdo. Fizeram parte desse momento na poesia: Péricles Eugênio da Silva Ramos, Domingos Carvalho da Silva, Lêdo Ivo, João Cabral de Melo Neto e Mário Quintana.

MÁRIO QUINTANA

Mário Quintana apresenta em suas primeiras obras uma forte influência do neossimbolismo característico da segunda geração modernista. Possui uma poética de fácil assimilação, com toques de leveza e uma visão sutil da vida e do tempo. Há um misto de religiosidade e pessimismo, em versos cadenciados e sonoros.

Suas principais obras são: *Rua dos cataventos* (1940); *Canções* (1946); *Sapato florido* (1948); *O aprendiz de feiticeiro* (1950); *Prosa e verso* (1978); *Baú de espantos* (1986); *Preparativos de viagem* (1987).

Poeminha sentimental

O meu amor, o meu amor, Maria
É como um fio telegráfico da estrada
Aonde vêm pousar as andorinhas...
De vez em quando chega uma
E canta
(Não sei se as andorinhas
    [cantam, mas vá lá!)
Canta e vai-se embora
Outra, nem isso,
Mal chega, vai-se embora.
A última que passou
Limitou-se a fazer cocô
No meu pobre fio de vida!
No entanto, Maria, o meu
[amor é sempre o mesmo:
As andorinhas é que
    [mudam.

JOÃO CABRAL DE MELO NETO

João Cabral de Melo Neto, de maneira engenhosa, traduz o universo das palavras com apuro e simetria. Seu fazer poético é racional, conciso, seco e preciso.

É chamado "poeta engenheiro" ou "poeta arquiteto" por causa de sua precisão. Inicialmente, explorou o surrealismo.

Poesia

Ó jardins enfurecidos,
pensamentos palavras sortilégio
sob uma lua contemplada;
jardins de minha ausência
imensa e vegetal;
ó jardins de um céu
viciosamente frequentado:
onde o mistério maior
do sol da luz da saúde?

A partir de *O engenheiro*, a poesia de João Cabral torna-se construtivista e objetual, anula-se a presença do eu. A atitude racional sobrepõe-se à emoção. O rigor construtivo supera o lirismo; sua poesia torna-se seca, como um cenário nordestino.

O engenheiro

A luz, o sol, o ar livre
envolvem o sonho do engenheiro.
O engenheiro sonha coisas claras:
superfícies, tênis, um copo de água.
O lápis, o esquadro, o papel;
o desenho, o projeto, o número:
o engenheiro pensa o mundo justo,
mundo que nenhum véu encobre.

A partir de *O cão sem plumas*, há um processo de humanização na poesia de João Cabral de Melo Neto, o que não deve ser confundido com sentimentalismo, porque sua poética mantém ainda a secura do substantivo e a busca do objeto. O ápice desse processo é atingido em *Morte e vida severina* (auto de natal pernambucano), em 1956.

Figura 1

Em 1958, um grupo teatral paraense encenou no Festival Nacional de Teatro de Estudantes, no Recife, *Morte e vida severina*. A partir dessa data, a peça passou a ser representada em vários lugares do país, até mesmo no exterior, como é o caso da cena da foto, em que as personagens se reúnem no fim da peça, apresentada no Teatro de Lisboa.

Suas obras principais são, entre outras: *Pedra do sono* (1942), *O engenheiro* (1945), *Psicologia da composição* (1947), *O cão sem plumas* (1950), *Morte e vida severina* (1956), *Uma faca só lâmina* (1956), *A educação pela pedra* (1966), *Museu de tudo* (1975), *Auto do frade* (1984), *Agrestes* (1985), *Crime na calle Relator* (1987), *Sevilha andando* (1990).

Morte e vida severina segue dois movimentos: morte e vida. A trajetória de dor de Severino acompanha o primeiro movimento. A vida surge apenas no final da trajetória, quase como anúncio de uma epifania (revelação súbita), com o nascimento do filho de um mestre carpinteiro e com as palavras deste, que prenunciam a resolução dos conflitos íntimos do protagonista. O otimismo final resulta da confiança do homem no próprio homem e carrega toda uma carga de beleza que parece encher de esperanças o leitor-espectador.

Em *Morte e vida severina*, a trajetória de qualquer ser vivente é o caminho da vida para a morte. O homem do sertão nordestino sai da morte (concepção metafórica da realidade que encontra pelo caminho) para a vida (visão otimista de que a vida vale a pena).

> — O meu nome é Severino,
> não tenho outro de pia.
> Como há muitos Severinos,
> que é santo de romaria,
> deram então de me chamar
> Severino de Maria;
> como há muitos Severinos
> com mães chamadas Maria,
> fiquei sendo o da Maria
> do finado Zacarias.
> Mas isso ainda diz pouco:
> há muitos na freguesia,
> por causa de um coronel
> que se chamou Zacarias
> e que foi o mais antigo
> senhor desta sesmaria.
> Como então dizer quem fala
> ora a Vossas Senhorias?
> Vejamos: é o Severino
> da Maria do Zacarias,
> lá da serra da Costela,
> limites da Paraíba.
> Mas isso ainda diz pouco:
> se ao menos mais cinco havia
> com nome de Severino
> filhos de tantas Marias
> mulheres de outros tantos,
> já finados, Zacarias,
> vivendo na mesma serra
> magra e ossuda em que eu vivia.
> Somos muitos Severinos
> iguais em tudo na vida:
> na mesma cabeça grande
> que a custo é que se equilibra,
> no mesmo ventre crescido
> sobre as mesmas pernas finas
> e iguais também porque o sangue
> que usamos tem pouca tinta.
> E se somos Severinos
> iguais em tudo na vida,
> morremos de morte igual,
> mesma morte severina:
> que é a morte de que se morre
> de velhice antes dos trinta,
> de emboscada antes dos vinte,
> de fome um pouco por dia
> (de fraqueza e de doença
> é que a morte severina
> ataca em qualquer idade,
> e até gente não nascida).
> [...]

3. A prosa da terceira geração

A prosa de 1945 aprofunda a introspecção psicológica das personagens. Surge a prosa intimista ou o moderno romance lírico com a publicação de *Perto do coração selvagem* (1944), de Clarice Lispector. O homem passa a ser visto em conflito consigo mesmo, escravo de sua condição existencial. Num outro plano, a publicação de *Sagarana* (1946), de Guimarães Rosa, inicia o **regionalismo universalista** ou **universalismo regional**. A ficção ultrapassa o meio físico regional para atingir dimensões universais, com questionamento existencial a partir de uma perspectiva do pitoresco regional.

A preocupação dos autores de 1945 com a palavra os leva ao **experimentalismo** ou **instrumentalismo**. Isso permite o rompimento da distância entre a prosa e a poesia e denuncia o desgaste da narrativa tradicional.

Os dois nomes de maior destaque desse momento, Guimarães Rosa e Clarice Lispector, têm em comum a investigação interior de suas personagens. Clarice atém-se ao homem urbano; Guimarães Rosa vai ao sertão para retratar a alma humana.

GUIMARÃES ROSA

João Guimarães Rosa estreou em 1946, com *Sagarana*. Foi médico, diplomata e escritor. Faleceu em 1967, três dias depois de tomar posse na Academia Brasileira de Letras.

Guimarães Rosa renova a prosa moderna a partir de uma perspectiva de criação linguística e humana. Concilia a poética e a narrativa com o emprego de uma linguagem carregada de elementos da poesia: neologismos formados de arcaísmos, latinismos, tupinismos, estrangeirismos etc.; repetições, paradoxos, metáforas, aliterações, assonâncias, onomatopeias; além de sugerir novos significados para as palavras já conhecidas, a fim de reinventar o código literário.

Destacam-se entre suas obras: *Sagarana* (1946), *Primeiras estórias* (1962), *Tutameia — Terceiras estórias* (1967), *Estas estórias* (1969), *Corpo de baile* (1956), *Grande sertão: veredas* (1956) e *Magma* (1997).

Grande sertão: veredas é considerada sua obra-prima.

Nonada. Tiros que o senhor ouviu foram de briga de homem não, Deus esteja. Alvejei mira em árvore, no quintal, no baixo do córrego. Por meu acerto. Todo dia isso faço, gosto; desde mal em minha mocidade. Daí, vieram me chamar. Causa dum bezerro: um bezerro branco, erroso, os olhos de nem ser — se viu —; e com máscara de cachorro. Me disseram; eu não quis avistar. Mesmo que, por defeito como nasceu, arrebitado de beiços, esse figurava rindo feito pessoa. Cara de gente, cara de cão; determinaram — era o demo. Povo prascóvio. Mataram. Dono dele nem sei quem for. Vieram emprestar minhas armas, cedi. Não tenho abusões. O senhor ri certas risadas... Olhe: quando é tiro de verdade, primeiro a cachorrada pega a latir, instantaneamente — depois, então, se vai ver se deu mortos. O senhor tolere, isto é o sertão. Uns querem que não seja: que situado sertão é por os campos-gerais a fora a dentro, eles dizem, fim de rumo, terras altas, demais do Urucuia. Toleima. Para os de Corinto e do Curvelo, então, o aqui não é dito sertão? Ah, que tem maior! Lugar sertão se divulga: é onde os pastos carecem de fechos; onde um pode torar dez, quinze léguas, sem topar com casa de morador; e onde criminoso vive seu cristo-jesus, arredado do arrocho de autoridade. [...] O gerais corre em volta. Esses gerais são sem tamanho. Enfim, cada um o que quer aprova, o senhor sabe: pão ou pães, é questão de opiniães... O sertão está em toda a parte.

Guimarães Rosa. *Grande sertão: veredas.*

Eu dizendo que a Mulher ia lavar o corpo dele. Ela rezava rezas da Bahia. Mandou todo o mundo sair. Eu fiquei. E a Mulher abanou brandamente a cabeça, consoante deu um suspiro simples. Ela me mal-entendia. Não me mostrou de propósito o corpo. E disse...

Diadorim — nu de tudo. E ela disse:

— A Deus dada. Pobrezinha...

E disse. Eu conheci! Como em todo o tempo antes eu não contei ao senhor — e mercê peço: — mas para o senhor divulgar comigo, a par, justo o travo de tanto segredo, sabendo somente no átimo em que eu também só soube... Que Diadorim era o corpo de uma mulher, moça perfeita... Estarreci. A dor não pode mais do que a surpresa.

A coice d'arma, de coronha...

Ela era. Tal que assim se desencantava, num encanto tão terrível; e levantei mão para me benzer — mas com ela tapei foi um soluçar, e enxuguei as lágrimas maiores. Uivei. Diadorim! Diadorim era uma mulher. Diadorim era mulher como o sol não acende a água do rio Urucuia, como eu solucei meu desespero.

O senhor não repare. Demore, que eu conto. A vida da gente nunca tem termo real.

Eu estendi as mãos para tocar naquele corpo, e estremeci, retirando as mãos para trás, incendiável; abaixei meus olhos. E a Mulher estendeu a toalha, recobrindo as partes. Mas aqueles olhos eu beijei, e as faces, a boca. Adivinhava os cabelos. Cabelos que cortou com tesoura de prata... Cabelos que, no só ser, haviam de dar para baixo da cintura... E eu não sabia por que nome chamar; eu exclamei me doendo:

— Meu amor!... [...]

Guimarães Rosa. *Grande sertão: veredas.*

Figura 2

Em *Grande sertão: veredas*, a imagem do sertão é a representação do mundo, e o sertanejo não é simplesmente o rústico que habita o sertão do Brasil. A personagem Riobaldo é a reconstrução do próprio ser humano, cheio de mistérios, emoldurado em suas angústias universais e eternas, habituado a conviver com o destino que o contorna, seguindo na eterna luta entre o bem e o mal.

CLARICE LISPECTOR

Clarice Lispector usou a investigação interior como plataforma temática. O enredo em suas obras é denso, alinear, fragmentado, deixa o leitor perdido em suas conclusões. Para a autora, o importante é o que se passa na alma humana, os dramas que fazem parte do universo intimista, a constante luta contra o mundo preestabelecido, em que as condutas uniformizadas provocam o aprisionamento do ser, não permitem sua afirmação como ser uno e dono de suas vontades e iniciativas.

Alguns de seus romances são verdadeiras aulas de existencialismo e empregam a epifania como elemento de revelação do mais íntimo do ser.

A palavra é o instrumento de superação da dor existencial, a salvação. Sua obra provoca o desconforto humano diante da realidade, a náusea, a revelação dos mundos subterrâneos da imaginação e do inconsciente.

Cada olho reproduzia a barata inteira.

— Perdoa eu te dar isto, mão que seguro, mas é que não quero isto para mim! Toma essa barata, não quero o que vi.

Ali estava eu boquiaberta e ofendida e recuada — diante do ser empoeirado que me olhava. Toma o que eu vi: pois o que eu via com um constrangimento tão penoso e tão espantado e tão inocente, o que eu via era a vida me olhando.

Como chamar de outro modo aquilo horrível e cru, matéria-prima e plasma seco, que ali estava, enquanto eu recuava para dentro de mim em náusea seca, eu caindo séculos e séculos dentro de uma lama — era lama, e nem sequer lama já seca mas lama ainda úmida e ainda viva, era uma lama onde se remexiam com lentidão insuportável as raízes de minha identidade.

Toma, toma tudo isso para ti, eu não quero ser uma pessoa viva! Tenho nojo e maravilhamento por mim, lama grossa lentamente brotando.

Era isso — era isso então. É que eu olhara a barata viva e nela descobria a identidade de minha vida mais profunda. Em derrocada difícil, abriam-se dentro de mim passagens duras e estreitas.

Clarice Lispector. *A paixão segundo G.H.*

ATIVIDADES

1 (Fuvest-SP)

— Finado Severino,
quando passares em Jordão
e os demônios te atacarem
perguntando o que é que levas...
— Dize que levas somente
coisas de não:
fome, sede, privação.

As "coisas de sim" estão, correspondentemente, em:

a) vacuidade, repleção, carência.
b) fartura, carência, vacuidade.
c) repleção, carência, saciedade.
d) satisfação, saciedade, fartura.
e) vacuidade, fartura, repleção.

2 (Enem-MEC) Leia o que disse João Cabral de Melo Neto, poeta pernambucano, sobre a função de seus textos:

"Falo somente como o que falo: a linguagem enxuta, contato denso; falo somente do que falo: a vida seca, áspera e clara do sertão; falo somente por quem falo: o homem sertanejo sobrevivendo na adversidade e na míngua; falo somente para quem falo: para os que precisam ser alertados para a situação da miséria no Nordeste."

Para João Cabral de Melo Neto, no texto literário:

a) a linguagem do texto deve refletir o tema, e a fala do autor deve denunciar o fato social para determinados leitores.
b) a linguagem do texto não deve ter relação com o tema, e o autor deve ser imparcial para que seu texto seja lido.
c) o escritor deve saber separar a linguagem do tema e a perspectiva pessoal da perspectiva do leitor.
d) a linguagem pode ser separada do tema, e o escritor deve ser o delator do fato social para todos os leitores.
e) a linguagem está além do tema, e o fato social deve ser a proposta do escritor para convencer o leitor.

3 Leia o texto a seguir para responder às questões de I a III.

A terceira margem do rio

Nosso pai era homem cumpridor, ordeiro, positivo; e sido assim desde mocinho e menino, pelo que testemunharam as diversas pessoas sensatas, quando indaguei a informação. Do que eu mesmo me alembro, ele não figurava mais estúrdio nem mais triste do que os outros, conhecidos nossos. Só quieto. Nossa mãe era quem regia, e que ralhava no diário com a gente — minha irmã, meu irmão e eu. Mas se deu que, certo dia, nosso pai mandou fazer para si uma canoa.

Era a sério. Encomendou a canoa especial, de pau de vinhático, pequena, mal com a tabuinha da popa, como para caber justo o remador. Mas teve de ser toda fabricada, escolhida forte e arquejada em rijo, própria para dever durar na água por uns vinte ou trinta anos. Nossa mãe jurou muito contra a ideia. Seria que, ele, que nessas artes não vadiava, se ia propor agora para pescarias e caçadas? Nosso pai nada não dizia. Nossa casa, no tempo, ainda era mais próxima do rio, obra de nem quarto de légua: o rio por aí se estendendo grande, fundo, calado que sempre. Largo, de não se poder ver a forma da outra beira. E esquecer não posso, do dia em que a canoa ficou pronta.

Sem alegria nem cuidado, nosso pai encalcou o chapéu e decidiu um adeus para a gente. Nem falou outras palavras, não pegou matula e trouxa, não fez nenhuma recomendação. Nossa mãe, a gente achou que ela ia esbravejar, mas persistiu somente alva de pálida, mascou o beiço e bramou: — Cê vai, ocê fique, você nunca volte! Nosso pai suspendeu a resposta. Espiou manso para mim, me acenando de vir também, por uns passos. Temi a ira de nossa mãe, mas obedeci, de vez de jeito. O rumo daquilo me animava, chega que um propósito perguntei: — Pai, o senhor me leva junto, nessa sua canoa? Ele só retornou o olhar em mim, e me botou a bênção, com gesto me mandando para trás. Fiz que vim, mas ainda virei, na grota do mato, para saber. Nosso pai entrou na canoa e desamarrou, pelo remar. E a canoa saiu se indo — a sombra dela por igual, feito um jacaré, comprida longa. [...]

ROSA, J. Guimarães. *Ficção completa.* Rio de Janeiro: Nova Aguilar, 1994.

I. (PUC-RJ) Segundo o texto, na visão do menino:

a) a mãe era uma pessoa brava e enérgica; o pai, metódico e calado.

b) a mãe não aprovava a ideia de ver o marido levar o filho para caçadas e pescarias.

c) a mãe era a responsável pela saída do pai.

d) o pai o abandonou, porque não gostava dele.

e) era bom viajar com o pai, mas era melhor ficar no aconchego do lar.

II. (PUC-RJ) Sobre o texto, só não podemos dizer que:

a) apresenta cenário rural em que se percebem elementos arcaizantes.

b) possui narrador de primeira pessoa que se mostra consciente de que seu narrar provém da memória.

c) mostra, na figura feminina, traços da herança matriarcal.

d) pretende reproduzir o linguajar dos habitantes da região retratada.

e) desenha, com precisão, as características físicas, morais e psicológicas das personagens.

III. (PUC-RJ) O texto apresenta:

a) preocupação evidente com a realidade social das populações sertanejas marginalizadas.

b) narração focada na complexidade e na aparente gratuidade das ações humanas.

c) explicação determinista para o comportamento das personagens.

d) posição ufanista diante da terra e do homem brasileiro, sendo este visto como um ser desbravador e heroico.

e) descrição detalhista das riquezas naturais caracterizadoras do ambiente enfocado.

4 (Fuvest-SP)

Decerto a gente daqui
Jamais envelhece aos trinta
Nem sabe da morte em vida,
Vida em morte, severina

João Cabral de Melo Neto. *Morte e vida severina.*

Neste excerto, a personagem do "retirante" exprime uma concepção da "morte e vida severina", ideia central da obra, que aparece em seu próprio título. Tal como foi expressa no excerto, essa concepção só não encontra correspondência em:

a) "morre gente que nem vivia".

b) "meu próprio enterro eu seguia".

c) "o enterro espera na porta: o morto ainda está com vida".

d) "vêm é seguindo seu próprio enterro".

e) "essa foi morte morrida ou foi matada?"

EXERCÍCIOS COMPLEMENTARES

1 (Fuvest-SP) Leia o texto para responder aos itens.

> Mas não senti diferença
> entre o agreste e a caatinga,
> e entre a caatinga e aqui a mata
> a diferença é a mais mínima.
> Está apenas em que a terra
> é por aqui mais macia;
> está apenas no pavio,
> ou melhor, na lamparina:
> pois é igual o querosene
> que em toda parte ilumina,
> e quer nesta terra gorda
> quer na serra, de caliça,
> a vida arde sempre com
> a mesma chama mortiça.
>
> João Cabral de Melo Neto.
> *Morte e vida severina*.

Nesse excerto, o retirante, já chegado à zona da mata, reflete sobre suas experiências, reconhecendo uma diferença e uma semelhança entre as regiões que conhecera ao longo de sua viagem.

a) De onde partiu o retirante? Estava em busca de quê?

b) Explique sucintamente em que consistem a diferença e a semelhança reconhecidas pelo retirante.

c) Depois de chegar ao Recife, o retirante mudará substancialmente o julgamento que expressa nesse excerto? Justifique brevemente sua resposta.

2 (UFCE) A respeito do estilo da escritora Clarice Lispector, julgue (V ou F):

I. Uma importante característica de sua obra é a captação do fluxo da consciência, num verdadeiro mergulho na subjetividade da personagem.

II. Em suas obras, a reflexão sobre a existência humana desencadeia-se, muitas vezes, a partir de acontecimentos aparentemente triviais.

III. Suas personagens são construídas com a objetividade de uma perspectiva determinista e mecanicista.

IV. A autora revela uma percepção aguda de detalhes.

V. A erudição e a complexidade sintática de sua linguagem a aproximam de escritores como Euclides da Cunha.

3 (UFMT) Leia dois trechos da obra *Grande sertão: veredas*, publicada há 50 anos, do escritor mineiro Guimarães Rosa, da geração de 1945.

Trecho I

Eu ouvi aquilo demais. O pacto! Se diz — o senhor sabe. Bobeia. Ao que a pessoa vai, em meia-noite, a uma encruzilhada, e chama fortemente o Cujo — e espera. Se sendo, há-de que vem um pé de vento, sem razão, e arre se comparece uma porca com ninhada de pintos, se não for uma galinha puxando barrigada de leitões. Tudo errado, remedante, sem completação... O senhor imaginalmente percebe? O crespo — a gente se retém — então dá um cheiro de breu queimado. E o dito — o Coxo — toma espécie, se forma! Carece de se conservar coragem. Se assina o pacto. Se assina com o sangue de pessoa. O pagar é alma. Muito mais depois. O senhor vê, superstição parva? Estornadas!... Provei. Introduzi.

Trecho II

O demo, tive raiva dele? Pensei nele? Em vezes. O que era em mim valentia, não pensava; e o que pensava produzia era dúvidas de me-enleios. Repensava, no esfriar do dia. A quando é o do sol entrar, que então até é o dia mesmo, por seu remorso. Ou então, ainda melhor, no madrugal, logo no instante em que eu acordava e ainda não abria os olhos: eram só os minutos, e, ali durante, em minha rede, eu preluzia tudo claro e explicado. Assim: — *Tu vigia, Riobaldo, não deixa o diabo te pôr sela...* — isto eu divulgava. Aí eu queria fazer um projeto: como havia de escapulir dele, do Temba, que eu tinha mal chamado. Ele rondava por me governar?

ROSA, João Guimarães. *Grande sertão: veredas.* Rio de Janeiro: Nova Fronteira, 1986. p. 45 e 458.

A leitura dos dois excertos revela um dos temas que permeiam a ação do romance. Qual é ele?

a) A coragem do herói em momentos de luta e perigo.

b) O embate entre o bem e o mal que atormenta Riobaldo.

c) A existência ou não do demônio, com o qual teria sido feito um pacto.

d) A necessidade de confissão para alívio do espírito.

e) A indicação do espiritual como refúgio para problemas pessoais.

4 (PUC-MG) Leia com atenção este texto.

Um grupo de cavaleiros. Isto é, vendo melhor: um cavaleiro rente, frente à minha porta, equiparado, exato; e, embolados, de banda, três homens a cavalo. Tudo num relance, insolitíssimo. Tomei-me nos nervos. O cavaleiro esse — o oh-homem-oh — com cara de nenhum amigo. Sei o que é influência de fisionomia. Saíra e viera, aquele homem, para morrer em guerra. Saudou-me seco, curto, pesadamente. Seu cavalo era alto, um alazão; bem arreado, derreado, suado. E concebi grande dúvida.

Esse fragmento, de Guimarães Rosa, ilustra sua tendência a:

a) registrar os costumes das populações do Nordeste, numa linguagem que muito se aproxima da usada pelos escritores de fins do século XIX.

b) confrontar a cultura citadina e letrada com a matéria bruta do Brasil rural, provinciano e arcaico, numa linguagem que evidencia a superioridade atribuída ao homem urbano culto.

c) procurar fixar a musicalidade da fala sertaneja, revitalizando recursos da expressão poética: células rítmicas, aliterações, onomatopeias, rimas internas.

d) recuperar a linguagem "ingênua" e "espontânea" dos homens do campo, envolvido em peripécias que acabam por dividi-los em dois grupos: um que representa a bondade natural; outro, a natureza de má índole.

e) procurar evitar que sejam rompidas as fronteiras entre prosa e poesia, aproveitando-se do estilo duro e seco da fala de suas personagens.

5 Não é característica da produção literária de João Guimarães Rosa:

a) Uso de neologismos, isto é, invenções de palavras.

b) Uso frequente de ditados populares.

c) Uma prosa recheada de figuras de linguagem, como metáforas, silepses, pleonasmos, antíteses e paradoxos.

d) Frase insólitas (anormais).

e) Adoção de uma linguagem que prima pela correção gramatical.

6 A poesia, o romance, o conto, a crônica e o teatro da geração de 1945 estão representados, respectivamente, por:

a) João Cabral de Melo Neto, Clarice Lispector, Dalton Trevisan, Fernando Sabino e Ariano Suassuna.

b) Manoel de Barros, Rubem Braga, Lygia Fagundes Telles, Jorge Andrade e Paulo Mendes Campos.

c) Paulo Bonfim, Nélida Piñon, Ariano Suassuna, Stanislaw Ponte Preta e João Guimarães Rosa.

d) Affonso Romano de Sant'Anna, Leon Eliachar, João Guimarães Rosa, Maria Clara Machado e Dalton Trevisan.

e) Hélio Pelegrino, José Carlos de Oliveira, Adélia Prado, Dias Gomes e José J. Veiga.

Tendências contemporâneas

1. 1950: contexto e tendências

O conceito artístico sofreu muitas variantes a partir da década de 1950, sobretudo pelo fortalecimento de novos veículos de comunicação, como o cinema, o rádio e a televisão. O poder da mídia cristalizou-se de maneira plena, com forte acento nas questões mercadológicas e nos múltiplos interesses de quem faz ou patrocina a arte, dificultando assim a definição de um único padrão artístico-cultural.

A chamada **arte de engajamento** fez surgir artistas comprometidos com causas sociais, destacando-se o cineasta Glauber Rocha, e nomes importantes como Chico Buarque de Hollanda, Caetano Veloso e Gilberto Gil tornaram-se modelares para a juventude, notadamente a politizada.

O regime militar, instaurado a partir de 1964, freou o ímpeto artístico nacional, principalmente a partir de 1968, quando foi decretado o AI-5, impondo a censura aos meios de comunicação brasileiros.

A televisão tomava corpo, e as novelas passaram a ser um dos mais influentes canais de propagação artística no país. Muitos autores, engajados numa luta quase solitária, conseguiam burlar os olhares nocivos da censura e, de forma disfarçada, transmitir o pensamento político.

Aos poucos, o cinema teve uma evolução criteriosa, com grande reconhecimento internacional.

2. O teatro brasileiro

A renovação estética efetiva do palco brasileiro ocorreu com a fundação, em 1941, do grupo amador Os Comediantes, dirigido pelo polonês Zbigniev Ziembinski. Em 1943, o grupo revelaria um dos maiores nomes do teatro brasileiro, Nelson Rodrigues, ao encenar a peça *Vestido de noiva*, obra que marca o início da renovação estética nacional.

Em 1948, o industrial italiano Franco Zampari funda, em São Paulo, o Teatro Brasileiro de Comédia (TBC), marco na história do teatro brasileiro.

NELSON RODRIGUES

Nelson Falcão Rodrigues é o mais importante autor teatral brasileiro do século XX. Foi um exímio observador das relações sociais e escolheu como alvo a família. Nelson, às vezes, exagerava na análise, levando-a aos extremos da condição humana, tocando fortemente nas fraquezas e na hipocrisia que por vezes sustentam essa instituição. Contudo, o brilho do autor é justamente esse, chamando a atenção, mesmo que exageradamente, para a análise de comportamento em que se revelam a falsidade, o interesse, os desejos obscenos e os pecados constantes que fazem parte do universo cotidiano dos seres humanos.

Suas principais obras são: *Vestido de noiva* (1943), *Álbum de família* (1946), *Bonitinha, mas ordinária* (1962) e *Toda nudez será castigada* (1965).

3. A crônica

A crônica sempre representou um forte estilo literário entre os autores brasileiros. Os românticos deram início a sua popularização, que repercutiu em diversos momentos da arte nacional. Na segunda metade do século XX, muitos intelectuais utilizaram-se da crônica como eficiente instrumento de propagação de ideias. Era comum encontrar seus nomes nos principais jornais e revistas do país. A consagração popular era grande, e muitos deles se tornaram verdadeiras celebridades nacionais.

Paulo Mendes Campos, Rubem Braga, Fernando Sabino e Otto Lara Resende foram os mais conhecidos, mas Carlos Drummond de Andrade, Rachel de Queiroz e mesmo Nelson Rodrigues, entre outros, dividiam espaço na mídia brasileira.

4. A poesia

Várias manifestações poéticas ocorreram no Brasil na segunda metade do século XX. Os chamados movimentos de vanguarda dividiam espaço com poetas consagrados de gerações anteriores.

POESIA CONCRETA

Em 1952, Décio Pignatari, Haroldo de Campos e Augusto de Campos lançam a revista literária *Noigandres*, em que questionavam os valores poéticos da geração de 1945. Essa revista é considerada o marco do Concretismo no Brasil, que, de fato, só passaria a ter o lançamento oficial no ano de 1956, com a Exposição Nacional de Arte Concreta, realizada no Museu de Arte Moderna de São Paulo.

Os concretistas propunham uma concisão dos versos, opondo-se ao sentido lírico e discursivo que caracterizava o estilo de 1945. Criaram o chamado poema-objeto, em que a linearidade e a sintaxe se rompiam em favor dos elementos visuais e sonoros, fazendo imperar o espaço gráfico, como universo de criação, proporcionando a multiplicidade interpretativa, uma vez que o poema poderia ser lido em qualquer direção.

Os concretistas denominaram **verbivocovisual** o estilo que estavam propondo (*verbi*: "palavra", *voco*: "voz", *visual*: "visão").

Para a construção dos poemas concretistas, os poetas utilizam recursos como a paronomásia (palavras aproximadas pelo som que emitem, mas de significados diferentes), a aliteração e a assonância.

Cloaca

beba   coca   cola
babe   cola
beba   coca
babe   cola   caco
caco
cola

c l o a c a

Décio Pignatari

POESIA PRÁXIS

Para os autores dessa nova corrente, o Concretismo engessava a poética e limitava sua criatividade, dando um caráter homogêneo que não poderia ser aceito no ato criador.

Mário Chamie, o idealizador desse movimento, refere-se à práxis — "prática, praticidade" — como uma forma poética que se assemelha à construção prática da vida.

Plantio

Cava,
então descansa.
Enxada; fio de corte corre o braço
                          [de cima
e marca: mês, mês de sonda.
Cova.

Joga,
então não pensa.
Semente; grão de poda larga a palma
                          [de lado
e seca; rês, rês de malha.
Cava.
[...]

Mário Chamie

TROPICALISMO

Na década de 1960, vários movimentos que influenciaram o comportamento da juventude surgiram pelo mundo. A rapidez da informação, proporcionada pelos meios de comunicação, multiplicava o campo de ação desses novos movimentos, que vinham em forma de música, cinema, teatro e literatura.

Muitos deles tomavam proporções ilimitadas e abalavam os padrões sociais, pois os modelos eram questionados e derrubados com extrema naturalidade, provocando reações contrárias.

Um grupo de artistas liderado por Caetano Veloso procurou entender as manifestações artísticas existentes no Brasil, extraindo o valor de cada uma delas. Era uma revisão antropofágica dos conceitos culturais, absorvendo todos eles e fazendo gerar uma arte que realmente pudesse ter um perfil nacional, independente das influências ou tendências estrangeiras.

Esse movimento teve início em 1968 e recebeu o nome de **Tropicalismo** ou **Tropicália**.

ATIVIDADES

1 Assinale a alternativa que preenche corretamente as lacunas:

Os poetas _____, _____ e _____ buscaram na visualidade um dos suportes para atingir rupturas radicais com a ordem discursiva da língua portuguesa. Esse movimento, que recebeu o nome de _____ teve o seu início oficial com a publicação da revista *Noigrandes*, em 1956.

a) Décio Pignatari – Otto Lara Resende – Nelson Rodrigues – vanguarda
b) Haroldo de Campos – Décio Pignatari – Augusto de Campos – Concretismo
c) Haroldo de Campos – Augusto de Campos – Carlos Drummond de Andrade – poema-objeto
d) Décio Pignatari – Mário Chamie – Nelson Rodrigues – poesia práxis

2 (Fuvest-SP)

Clessi (choramingando) — O olhar daquele homem despe a gente!

Mãe (com absoluta falta de compostura) — Você exagera, Scarlett!

Clessi — Rett é indigno de entrar numa casa de família!

Mãe (cruzando as pernas; incrível falta de modos) — Em compensação, Ashley é espiritual demais. Demais! Assim também não gosto.

Clessi (chorando despeitada) — Ashley pediu a mão de Melanie! Vai se casar com Melanie!

Mãe (saliente) — Se eu fosse você preferia Rett. (noutro tom) Cem vezes melhor que o outro!

Clessi (chorosa) — Eu não acho!

Mãe (sensual e descritiva) — Mas é, minha filha! Você viu como ele é forte? Assim! Forte mesmo!

No trecho transcrito, as personagens de *Vestido de noiva* subitamente se põem a recitar diálogos do filme *E o vento levou*. No contexto dessa obra de Nelson Rodrigues, esse recurso de composição configura-se como:

a) crítica à internacionalização da cultura, reivindicando o privilégio dos temas nacionais.
b) sátira do melodrama, o que dá dimensão autocrítica à peça.
c) sátira do cinema, indicando a superioridade estética do teatro.
d) intertextualidade, visando indicar o caráter universal das paixões humanas.
e) metalinguagem, visando revelar o caráter ficcional da construção dramática.

3 (U. E. Londrina-PR) Leia a estrofe inicial, transcrita a seguir, do poema "A bomba suja", de Ferreira Gullar.

Introduzo na poesia
A palavra diarreia.
Não pela palavra fria
mas pelo que ela semeia.

Ferreira Gullar. *Toda poesia*.

É correto afirmar que nesse poema se encontra:

a) o intuito de correlacionar aspectos estéticos com elementos comumente considerados pouco líricos, o que se faz presente também na obra de João Cabral de Melo Neto.

b) o gosto pelo escândalo, por meio da supervalorização de elementos lexicais que causam impacto ao romper com a tradição da versificação em língua portuguesa.

c) o primeiro momento na poesia brasileira em que se recorre a termos ou a ideias considerados pouco líricos.

d) uma forte influência parnasiana, que se traduz na expressão "palavra fria", tão empregada por Olavo Bilac.

e) uma preocupação metalinguística incomum na geração à qual pertence Ferreira Gullar.

4 No poema *Doença*, Manoel de Barros explora um tema comum do universo literário de Guimarães Rosa. Leia os sete primeiros versos do poema e explique a relação existente entre esses dois grandes nomes da literatura brasileira:

> Nunca morei longe do meu país.
> Entretanto padeço de lonjuras.
> Desde criança minha mãe portava essa [doença.
> Ela que me transmitiu.
> Depois meu pai foi trabalhar num lugar [que dava
> Essa doença nas pessoas.
> Era um lugar sem nome nem vizinhos.

EXERCÍCIOS COMPLEMENTARES

1 A poesia marginal nos legou grandes poetas. Ela recebeu esse nome por apresentar poetas que, por falta de uma editora que divulgasse os seus trabalhos, produziam seus livros de maneira independente, vendendo-os em frente a teatros, cinemas, restaurantes. Seus livros eram rudimentares, mimeografados ou editados em papel de pão. Todas as alternativas contêm um poeta marginal, exceto:

a) Ana Cristina César.
b) Cacaso.
c) Paulo Leminski.
d) Kátia Bento.
e) Ferreira Gullar.

2 (ITA-SP) Decretando o fim do verso e abolindo (a) (o) _____, esses vanguardistas procuram elaborar novas formas de comunicação poética em que predomine o aspecto material do signo, de acordo com as transformações ocorridas na vida moderna. Nesse sentido, (a) (o) _____ explora basicamente (a) (o) _____, jogando com formas, cores, decomposição e montagem das palavras etc., criando estruturas que se relacionam visualmente.

Assinale a opção que completa corretamente as lacunas.

a) sintaxe tradicional – Concretismo – significante
b) metrificação – poesia práxis – significado
c) lirismo – poema-processo – concreto
d) versificação – neoconcretismo – sonoridade
e) sintaxe – bossa nova – ritmo

3 (U. F. Lavras-MG) Leia o fragmento a seguir para responder à questão.

> A tecnologia avançada do período e a linguagem utilizada nos meios de comunicação de massa levaram à procura de novas formas de expressão que fossem condizentes com uma sociedade em que tudo acontecia de maneira rápida e objetiva. (Tendência contemporânea na poesia de 1960 em diante.)

A tendência apresentada na poesia, cuja linguagem se dará mais através da comunicação visual do que da verbal, chama-se:

a) poesia práxis.
b) poema-processo.
c) poesia social.
d) Concretismo.
e) poesia marginal.

Releia o poema "Cloaca", transcrito na página 109, e responda à questão a seguir.

4 (UEMS) Identifique a(s) afirmativa(s) correta(s):

I. A partir do *slogan* de um anúncio publicitário, "Beba Coca-Cola", Pignatari cria um poema por intermédio de mudanças de fonemas, resultando em outras palavras que, combinadas, evidenciam o tom de crítica à sociedade de consumo.

II. Dado o significado da palavra *cloaca* (fossa ou cano que recebe dejeções e imundícies, coletor de esgoto, aquilo que cheira mal, que é imundo), o tom de crítica é reiterado.

III. Esse tipo de criação artística, a partir de um elemento da cultura de massa (um conhecido *slogan* propagandístico), evidencia uma apropriação questionável, já que compromete o caráter de pureza do fenômeno literário.

a) I e III
b) I e II
c) III
d) II
e) I

5 Mário Chamie, dissidente da poesia concreta, é o expoente da chamada:
a) poesia práxis.
b) poema-processo.
c) metapoema.
d) haicai.
e) poesia social.

6 Seguindo a linha do teatro rodrigueano, _____ tornou-se um escritor maldito. Dentre as suas polêmicas peças teatrais, constam _____, _____ e _____.

A alternativa que preenche corretamente as lacunas é:

a) Gianfrancesco Guarnieri – *Eles não usam black-tie – Guimba – Ponto de partida*
b) Plínio Marcos – *Dois perdidos numa noite suja – Barrela – Homens de papel*
c) Pedro Bloch – *Dona Xepa – As mãos de Eurídice – Essa noite choveu prata*
d) Jorge Andrade – *Os ossos do barão – A moratória – Senhora na boca do lixo*
e) Leilah Assumpção – *Fala baixo senão eu grito – Roda cor de roda – Boca molhada de paixão calada*